¡Bravo!

Spanish for the oral exam

Ana María Plymen, B.A., M.A., Ph.D.
Eltham Green School, I.L.E.A.

Oxford University Press

Oxford University Press, Walton Street, Oxford OX2 6DP
Oxford New York Toronto
Delhi Bombay Calcutta Madras Karachi
Petaling Jaya Singapore Hong Kong Tokyo
Nairobi Dar es Salaam Cape Town
Melbourne Auckland

and associated companies in
Berlin Ibadan

Oxford is a trade mark of Oxford University Press

First published 1985
Reprinted 1987, 1988, 1990
ISBN 0 19 912073 0

Phototypeset by Tradespools Ltd., Frome, Somerset
Printed in Great Britain by The Bath Press, Bath

Contents

Introduction

¡**Bravo!** is designed to develop and consolidate students' oral skills. As the oral exam is becoming an increasingly important component of examinations at 16+, the book aims, primarily, at preparing candidates for these examinations. However, it can be of equal use to the private student as well as to those learning Spanish without an examination in mind.

Throughout the book, wherever there is an option to use either the familiar or the formal forms, I have used the familiar ones: the use of the formal forms is declining rapidly in Spain and, therefore, becoming artificial.

¡**Bravo!** consists of four parts: Conversation, The single picture, Picture stories for narration in the past tense, and Role-play. The first part – Conversation – helps the students to talk about themselves and their activities and to express their opinion on different matters. They are able to do so by using the vocabulary and structures provided so as to make each topic their own. Several exercises of varying difficulty consolidate the material introduced.

The second part – The single picture – offers a systematic revision of the types of questions most commonly asked. The actual pictures and questions on them are self explanatory.

The third part – Picture stories for narration in the past tense – offers hints on how to handle this test, reviewing some relevant grammatical points. Picture stories are provided for further practice – five of them with suggested vocabulary.

The final part – Role-play – offers dialogues covering the most likely situations to be encountered by a visitor to Spain. Further situations are provided in each topic to give the students practice in developing them on their own (useful phrases are included).

Although teachers may prefer to exploit the material in a different way, I would like to suggest the following:

Conversation

—The students listen to the conversation on the tape once or twice without looking at the text.

—They read the text to themselves, with or without the tape. Any doubts or difficulties are then explained.

—They study the vocabulary and structures provided. They do the exercises suited to their ability.

—They do the questions, preferably without looking at the text.

The last step could be done in pairs or groups; in this case, the pupil asking the questions will have to read them. This would enable the teacher to walk around helping individual pupils.

Role-play

—The students listen to the taped dialogue(s) once or twice without looking at the text.

—They read the printed text to themselves, with or without the tape. Any doubts or difficulties are then explained.

—Each dialogue is practised and acted out in pairs. Depending on their ability they can either be given cues in English or, alternatively, one pupil in each pair can read his/her part (that of the examiner). The teacher walks around listening and taking a role in each pair.

—They study and learn the phrases provided. Then, again in pairs, they develop the situations given. The teacher makes as many spot checks as possible.

The following symbols are used:

   passage recorded on tape   **X** exercise

? questions   structure

Preliminary advice to pupils

The oral test is a very important part of your examination; it should also be an enjoyable one. You should prepare well for it and approach it with confidence. Most Boards allow you some preparation time for some of the components of the test – usually, for the Oral Narrative and the Role-play. Use the time you are given wisely: you should be able to find a way to say, correctly, whatever you have to say without necessarily using a word-by-word translation. If you attempt to translate word-by-word, you will probably find yourself in the middle of a complicated sentence that you cannot finish. The best way to prepare yourself is to find out *what* information you are expected to convey and then think of the simplest way to express it.

Most Boards require that the Picture story be told using past tenses only. Make sure you know them well, especially the irregular ones. Try and give a balanced account: don't use all your energy in describing the first half of the story only to rush through the second half.

For your Role-play, you will be given a card (or more) describing a situation and giving you clear guidelines as to what to say as the situation develops. Some Boards will also tell you what the examiner's reaction to your lines will be. Some Boards leave the final development open: try and think, in advance, of what is likely to be said or asked after your last line and have possible responses ready. Do remember to use either the familiar or the formal forms of address, according to the situation, and to use one form or the other throughout.

The questions on The single picture (or series of pictures) should not pose many problems. Examine the picture and listen to the questions very carefully. You will usually be required to give your answers in whichever tense the questions are put to you. Although you cannot foresee how the general conversation will develop, you can certainly prepare for it by expanding your vocabulary and structures, practising regularly and building up your own profile in relation to the topics you are likely to be questioned on. The examiner is not there to trick you; he is there to help you show how much you know. Because of it, he will want to hear you speak freely: one-word answers will not show your knowledge.

1. Remember that any question lends itself to be expanded upon:
   e.g. 'Where do you live?' gives scope for: town/ distance from school/distance from nearest town/ what is the town like/sort of accommodation/. . .
   'Do you like sports?' could suggest: sports you play/which one you prefer/where do you play/how often/when/with whom/. . .

2. Try and keep your answers simple. Avoid trying to translate a long or complicated word. ('My father is a longshoreman'):
   a Say simply that he works at the docks:
   Trabaja en el puerto.

   b If you cannot simplify your idea, give a fictitious answer:
   Es médico.

   c If you feel that you cannot follow up a subject, say so:
   Lo siento, pero me falta el vocabulario necesario.
   Me resulta difícil hablar de ese tema.
   No sé cómo se dice en español.

3. As mentioned earlier, whenever possible try and avoid one-word answers. The following are suitable alternatives to a simple 'yes' or 'no':

sí	no
por supuesto	¡ni pensarlo!
creo que sí	de ninguna manera
¡ya lo creo!	creo que no
desde luego	en absoluto
sin ninguna duda	todo lo contrario
espero que sí	espero que no
¡claro!	por supuesto que no
¡ojalá!	me temo que no

los fines de semana — los sábados / los domingos — por la mañana / por la tarde / después de comer
leo/escucho música/veo la T.V.
salgo — con amigos / con mi familia / con mi novio
voy — a una discoteca / a un club juvenil
juego — al fútbol / al tenis / al cricket

4. If you don't understand something, ask for it to be repeated or said more slowly; if you still cannot understand it, say so:

¿Podría repetirme la pregunta, por favor?
¿Le importaría hablar más despacio?
¿Qué quiere decir . . . ?
Lo siento, no entiendo la pregunta.

5. Finally, don't try and learn long passages in Spanish. Even if you managed to remember them all correctly during the examination, you would be stopped and a new subject introduced. If you must write something down while you are preparing, write only short notes to jog your memory. The following will illustrate this point:

Conversation

1. Nombre; edad; cumpleaños

— ¿Cómo te llamas?

— Me llamo Gillian, Gillian Cunningham; pero mis amigos me llaman Gill.

— Muy bien, Gill. Y ¿cuántos años tienes?

— Tengo quince años pero cumpliré dieciséis dentro de tres meses; mi cumpleaños es el 15 de agosto.

— Ya falta poco. ¿Vas a celebrarlo?

— Pues, sí, por lo menos eso espero. Algunos de mis amigos no estarán aquí, estarán de vacaciones; pero habrá bastantes. Quisiera alquilar un salón para dar una fiesta, con música, comida, bebida . . .

— Tus padres ¿están de acuerdo?

— Es una idea suya. Dicen que si nos reunimos muchos en casa y hacemos ruido, los vecinos pueden quejarse. Así, tendremos más sitio y podremos celebrarlo un poco más tarde.

— El año pasado ¿diste una fiesta también?

— No, el año pasado fui quince días de vacaciones a España con mi familia. No pude celebrarlo pero lo pasé muy bien; tuvimos un tiempo espléndido.

— ¿No tuviste regalos, entonces?

— ¡Ah! Eso, sí. Mis padres me regalaron un anillo de plata muy bonito y mi hermana me regaló un disco. Este año mis padres pagarán la fiesta, que ya es bastante.

— ¿Te gusta recibir regalos o preferirías que te dieran dinero?

— No me importa. El año pasado, por ejemplo, mis abuelos y mis tíos me dieron dinero porque yo no iba a estar aquí. Pero otras veces me han hecho regalos y me han hecho mucha ilusión.

? Y ahora contesta tú:

1 ¿Cuándo es tu cumpleaños?
2 ¿En qué estación cae?
3 ¿En qué año naciste?
4 ¿Cuántos años tienes?
5 ¿Cuánto tiempo falta para tu cumpleaños?
6 ¿Cuándo cumpliste los dieciséis años?
7 ¿Recibes muchos regalos por tu cumpleaños?
8 ¿Qué te regalaron el año pasado?
9 ¿Qué regalo te hizo más ilusión?
10 ¿Te gusta que te regalen ropa?
11 ¿Celebrarás tu cumpleaños este año/el año que viene?
12 ¿Prefieres celebrarlo con tu familia o con tus amigos?
13 ¿Te gustaría tener veintiún años?
14 ¿Qué piensas de los jóvenes de hoy?
15 ¿Piensas que los jóvenes de hace veinte años eran distintos?
16 ¿Cómo te llamas?
17 ¿Te gusta tu nombre?
18 ¿Tienes algún apodo?
19 ¿Sabes cuántos apellidos se tienen en España?

The following vocabulary will be useful for discussing name, age, and birthday.

el nombre	cumplir . . . . . . años
el apellido	ser mayor/menor que
el apodo	acabar de
la edad	ser mayor/más joven
la sorpresa	ser mayor de edad
la tarta	crecer

la vela	celebrar
la primavera	reunirse
el verano	dar una fiesta
el otoño	regalar
el invierno	hacer un regalo
dentro de	hacer ilusión
hace	invitar
nacer	ir
tener . . . años	

When talking about your birthday, the following expressions will be useful:

acabo de cumplir	. . . . . . años
tengo	
pronto tendré	
mi cumpleaños fue	ayer/anteayer
	el lunes pasado
	la semana pasada
	el mes pasado
	hace | . . . . . . días
	. . . . . . semanas
	. . . . . . meses
mi cumpleaños es	el lunes que viene
	la semana que viene
	mañana/pasado mañana
	el mes que viene
	dentro de | . . . . . . días
	. . . . . . semanas
	. . . . . . meses

✗ Fill in your own details in the following sentences:

1 Mi cumpleaños fue el . . . . . . de . . . . . . , es decir, hace . . . . . . días/semanas/meses.

2 Cumpliré . . . . . . años el . . . . . . de . . . . . . , o sea, dentro de . . . . . . días/semanas/meses.

3 Cumplí . . . . . . años en . . . . . .

✗ Make up sentences using words from the following lists:

Mis padres	me regaló	nada.

Mi hermano/a	me regalaron	un bolígrafo.
Mis hermanos/as	me regalará	una sortija.
Mi tío/a	me dieron	una cámara fotográfica.
Mis tíos/as	me regalarán	un tocadiscos.
Mi abuelo/a	no me regalaron	un libro.
Mis abuelos		dinero.
Mi primo/a		unos pantalones.
Mis primos/as		un jersey.
Mi novio/a		un reloj.
Mis amigos/as		una computadora.
Mi madrina		una pulsera.
Mi padrino		una falda.

As well as the traditional cake – una tarta – young people in Spain can also expect to have their ears pulled on their birthday – **dar tirones de oreja** – one tug for each year they are celebrating. **Felicidades** is used where we would say 'Happy Birthday'.

Spanish people have two surnames. The first is their father's, the second their mother's, e.g. Elvira Latorre Andrés (Latorre is the father's name and Andrés the mother's). In the past, married women used to add their husband's surname, preceded by **de**, to their own, e.g. Elvira Latorre de Torres. This is not so usual nowadays.

2. **La rutina diaria**

— ¿A qué hora te levantas generalmente, Michelle?
— A las siete y media . . . Mis padres se levantan antes; mi padre tiene que salir de casa antes que yo. Mi madre prepara el desayuno y luego me despierta. No me gusta nada madrugar, así que aprovecho los fines de semana para dormir.
— ¿Qué tomas normalmente para desayunar?
— Bueno, pues suelo tomar una taza de té y una tostada con mantequilla. No me apetece comer mucho por la mañana temprano.
— Y luego ¿te arreglas?
— Sí; me lavo antes de vestirme ¡claro! y salgo de casa hacia

las ocho y cuarto para venir al instituto. Normalmente vengo a pie, no vivo demasiado lejos y prefiero caminar. Si hace muy mal tiempo, cojo el autobús que me deja delante mismo del instituto.

— ¿A qué hora terminan las clases?
— Terminan a las tres y media. Casi siempre vuelvo a casa caminando con una amiga y llego de cuatro menos cuarto a cuatro. Entonces estudio un poco, hago los deberes . . . hasta las seis.
— Y entonces ¿cenas?
— Mi padre llega a casa alrededor de las seis y cenamos todos juntos, mis padres, mi hermano y yo a las seis y media. Si mi padre se retrasa, no lo esperamos. Mi madre es enfermera y a menudo tiene horario de noche, por lo que no podemos esperar. Cuando llega mi padre, cena solo.
— ¿A qué hora te acuestas?
— Después de cenar, mi hermano y yo recogemos la mesa y lavamos los platos. Luego mi hermano, que es mayor que yo, suele salir con sus amigos y yo veo la televisión un poco o escucho música o leo. Algunos días salgo con mis amigos un rato, pero es raro. Por lo general me quedo en casa porque estoy cansada y me acuesto hacia las diez porque si no, no me puedo levantar por la mañana. Prefiero salir los fines de semana.

? Y ahora contesta tú:

1 ¿A qué hora te levantas generalmente?
2 ¿Te levantas temprano los fines de semana?
3 ¿Te gusta madrugar?
4 ¿Desayunas antes o después de vestirte?
5 ¿Qué tomas para desayunar?
6 ¿Quién cocina en tu casa?
7 ¿Sabes guisar?
8 ¿Te gusta comer bien?
9 ¿Bebes vino en las comidas?
10 ¿A qué hora sales de casa?
11 ¿Cómo vienes al instituto?
12 ¿Vienes sola/solo?
13 ¿A qué hora vuelves a casa?
14 ¿Prefieres hacer los deberes antes o después de cenar?
15 ¿Cuántas horas estudias al día?
16 ¿A qué hora cenas generalmente?
17 ¿A qué hora cenaste anoche?
18 ¿Qué tomaste?
19 ¿Sabes a qué hora se cena en España?
20 ¿Has probado la comida española?
21 ¿Te gustó?/¿Crees que te gustaría?
22 ¿Sales por las noches?
23 ¿A qué hora tienes que estar de vuelta en casa?
24 ¿Se enfadan tus padres si llegas tarde?
25 ¿A qué hora te acuestas?
26 ¿Te duermes en seguida o lees un rato en la cama?
27 ¿A qué hora te acostaste anoche?

The following vocabulary will be useful when talking about your daily routine:

el despertador	ir	a pie
temprano	venir	en coche
tarde		en autobús
de madrugada	caminar	
el fin de semana	pasear	
la ropa	ser dormilón/dormilona	
un rato	tener sueño	
el horario	acostarse*	
los deberes	dormirse*	
la paella	dormir	
la tortilla	despertarse*	
el aceite	levantarse*	
el bacon	lavarse*	
el huevo frito	ducharse*	
la mermelada	bañarse*	
la tostada	afeitarse*	
ir deprisa	peinarse*	
tener prisa	cepillarse el pelo*	
llegar (a tiempo)	vestirse*	
estar cansado/a	ponerse*	
desayunar	salir	
el desayuno	volver	

9

la comida	estudiar
la merienda	soñar
la cena	trabajar
comer	tomar
merendar	ver
cenar	escuchar
desnudarse*	leer
quitarse*	hacer
cambiarse (de ropa)*	limpiarse los dientes*

In describing your daily routine, you will need to use reflexive verbs. Remember these are the verbs whose subject and object coincide, that is, whose action reflects back to the subject. Some verbs have reflexive and non-reflexive forms, e.g.

Me acuesto (reflexive) but **Acuesto a mis hermanos** (non-reflexive).

With parts of the body, use verbs in their reflexive form to avoid possessive adjectives, e.g.

Me lavo los dientes rather than **Lavo mis dientes**.
Me rompí la pierna rather than **Rompí mi pierna**.

If the pronoun is attached to the infinitive, remember to make the necessary changes, e.g.

—¿Desayunas antes de vestir**te**?
—No, suelo desayunar antes de vestir**me**.

X In each of the following sentences, put the verb in brackets in the correct form:

1 Aunque no me gusta madrugar, suelo (levantarse) temprano.
2 Cuando él estaba de vacaciones (acostarse) tarde.
3 '¿Estás listo?' – me preguntó mi madre. 'No', – contesté – 'todavía no (vestirse).'
4 La última vez que fui al dentista, éste me preguntó: '¿(Limpiarse) los dientes todos los días?'
5 Ayer yo tenía tanto sueño que (dormirse) en la clase.
6 Mi hermana y yo siempre (ponerse) la misma ropa.
7 Cuando vieron el toro (ponerse) a correr.
8 El hombre (marcharse) sin decir una palabra.

9 '¿Quiere Vd. bañarse o prefiere ducharse?' – me preguntaron. 'Me gustaría más (bañarse)' – respondí.
10 Yo (sentarse) para ponerme los zapatos.

X If you need further practice with reflexive verbs, use the ones marked * in the vocabulary provided on page 103:

1 give an account of your daily activities in the present tense.
2 make up questions to ask a friend in the imperfect tense (starting **Cuando estabas de vacaciones**, ¿ . . . . . . ?)
3 describe somebody else's daily activities (your brother's, sister's, friends') in the preterite tense.

Remember that mealtimes in Spain are different:

el desayuno	– early morning
la comida	– between 1.30 p.m. and 3 p.m.
la merienda	– between 5.30 p.m. and 7 p.m.
la cena	– between 9 p.m. and 10.30 p.m.

3. Tu casa y los quehaceres domésticos

— ¿Cómo es tu casa, Christine?
— Pues es bastante grande. Tiene un salón-comedor, un despacho y la cocina, abajo; arriba están los dormitorios, cuatro, y el cuarto de baño. Yo comparto mi dormitorio con una de mis hermanas; somos cuatro hermanos, tres chicas y un chico. Hay también un garaje al lado de la casa.
— ¿Tiene jardín?
— Sí; hay uno pequeño delante de la casa y otro detrás. El de detrás es muy grande. Tenemos dos árboles, un manzano y un cerezo, y muchas flores bordeando el jardín. Es lo que más me gusta de la casa.
— ¿Te gusta trabajar en el jardín?
— Mucho. En casa, yo soy la que me encargo de cortar la hierba y cuidar las flores. Al fondo del jardín hay un invernadero pequeño y en invierno pongo algunas de las flores allí, planto flores nuevas . . . Luego, en primavera,

las saco al jardín.

— ¿Ayudas a tu madre en casa también?

— Como he dicho, la casa es bastante grande y además mi madre trabaja durante el día en una oficina. Todos echamos una mano ¡incluso mi padre! Tenemos turnos para lavar los platos, poner y quitar la mesa, limpiar . . .

— ¿Quién se ocupa de la cocina?

— Normalmente, mi madre. Mi padre guisa un día a la semana y, ese día, mi madre no entra en la cocina para nada. A mí no me importa hacerlo de vez en cuando pero, en realidad, es lo que menos me gusta de la casa. Además, la cocina suele llevar bastante tiempo y yo, de momento, necesito varias horas al día para estudiar.

? Y ahora contesta tú:

1 ¿Cómo es tu casa?
2 ¿Cuántas habitaciones tiene?
3 ¿Cuántos pisos tiene?
4 ¿Tiene desván?
5 ¿Hay jardín delante de la casa?
6 ¿Qué hay en el jardín de detrás?
7 ¿Quién se encarga de cuidar el jardín?
8 ¿Te gusta el trabajo de la casa?
9 ¿Puedes describir tu dormitorio?
10 ¿Quién limpia tu dormitorio?
11 ¿Ayudas a tu madre en casa?
12 ¿Qué es lo que más te gusta hacer?
13 ¿Y lo que menos te gusta?
14 ¿Crees que las chicas, generalmente, ayudan más que los chicos?
15 ¿Piensas que la vida del ama de casa ha cambiado en los últimos treinta años?
16 ¿De qué marca es el coche de tu familia?
17 ¿Tiene garaje la casa?
18 ¿Qué otras cosas guardáis en el garaje?

◾ The following nouns will be useful for discussing the contents of houses and gardens:

En la casa
la buhardilla
el desván
el sótano

la planta baja
el primer piso
el hall
el recibidor
el pasillo
el cuarto trastero
la escalera
el porche
el balcón
la terraza

En la cocina
el armario de la limpieza
la cocina
el horno
la nevera
el congelador
la secadora
la lavadora
el lavaplatos
la pila
el cubo de la basura
la plancha

En el comedor
la mesa
las sillas
el aparador
la vitrina
la alfombra
la lámpara

En el salón cuarto de estar
la chimenea
el sofá
el sillón
la butaca
la mecedora
la televisión
el video
el tocadiscos
la librería
la lámpara de pie

En el dormitorio
la cama
el armario
la cómoda
la mesilla
el pupitre
la mesa
la radio
las sábanas
el edredón
las mantas
la colcha
las cortinas

En el cuarto de baño
el baño
la ducha
el aseo
el grifo
el calentador
el agua fría
el agua caliente
la toalla
el jabón

En el garaje
el coche
la moto
la bicicleta
las herramientas

En el jardin
el patio
la hierba
el árbol (frutal)
el manzano/el cerezo/
    el almendro
la maceta
las flores
las plantas
la valla
el seto
la tapia
la verja

el estanque
la fuente
la piscina
el balancín

el banco
la cuerda de tender
el tendedero

The following verbs will be useful:

dar a
arreglar la casa
limpiar
ayudar
echar una mano
encargarse
ocuparse
poner la mesa
quitar la mesa
limpiar el polvo

lavar/fregar los platos
pasar el aspirador
barrer
lavar la ropa
planchar
ordenar
hacer la compra
guisar
cocinar
hacer las camas

The following expressions will help you to describe the layout of your house or flat:

Entrando por la puerta principal

a la derecha	está	el comedor.
a la izquierda		la cocina.
al fondo		el cuarto de estar.

al lado (de)	hay	una habitación.
al fondo (de . . .)		una puerta que da al jardín.
entre . . . . . . y		un armario.

el salón	se encuentra	al fondo, a la derecha.
el cuarto de baño		cerca del dormitorio principal.
el dormitorio		enfrente de la cocina.
		al final de la escalera.

| el dormitorio da | al jardín. |
| | a la calle. |

X Use the expressions above to describe your house. Compare your description with those of your friends.

The following expressions will be useful to describe a particular room:

en el centro
en un rincón
en el suelo
al lado (de)
en la pared
delante (de)

detrás (de)
debajo (de)
encima (de)
sobre
junto a
en medio (de)

X Describe some of the rooms in your house using the following:

1   En el centro hay . . . . . .
2   . . . . . está en un rincón.
3   Al lado de . . . . . hay . . . . . .
4   . . . . . está entre . . . . . . y . . . . . .
5   Detrás de la puerta hay . . . . . .
6   Encima de . . . . . tenemos . . . . . .
7   En la pared . . . . . .
8   Delante de . . . . . hay . . . . . .
9   Debajo de . . . . . guardamos . . . . . .
10 . . . . . está en el suelo, junto a . . . . . .

Study the following expressions to indicate likes, dislikes, and preferences:

me gusta
me encanta
adoro
me gusta más
prefiero
lo que más me gusta
no me gusta

detesto
odio
lo que menos me gusta
no me gusta nada
me da lo mismo
me da igual
no me importa

Use the expressions above to complete these sentences in as many different ways as possible:

1   . . . . . trabajar en el jardín pero . . . . . . guisar.
2   . . . . . limpiar el polvo que pasar el aspirador.
3   . . . . . es lavar los platos y . . . . . . es planchar.
4   . . . . . poner la mesa pero . . . . . . hacer la compra.
5   . . . . . regar las flores pero . . . . . . cortar la hierba.
6   . . . . . quitar la mesa que tender la ropa.

7 . . . . . ordenar; . . . . . barrer.

 Now, using the same expressions, state your own likes, dislikes, and preferences.

4. Un barrio

— ¿Dónde vives?
— Vivo a unos cuatro kilómetros de aquí, en un barrio de Londres; el centro queda relativamente cerca. Me gusta vivir allí; tengo una pandilla de amigos y lo paso muy bien con ellos. El único inconveniente es que no puedo venir a pie al instituto, tengo que coger el autobús. Salgo bastante temprano de casa para llegar a tiempo.
— ¿Has vivido siempre allí?
— No, vivo allí desde hace tres años. Antes vivíamos en Whalton, en el norte, a unos quince kilómetros de Newcastle. También me gustaba mucho, era distinto . . . Tenía muchos amigos y aunque no había tantas distracciones, tampoco lo pasaba mal. Yo era más pequeña también, y no echaba de menos las cosas que hago ahora.
— ¿Por qué vinisteis al sur?
— Porque la compañía donde trabaja mi padre trasladó las oficinas aquí. Al principio no estaba a gusto pero en seguida hice amigos. Los vecinos de mi barrio son muy sociables y hay mucha gente de mi edad.
— ¿Cómo es tu barrio?
— Los edificios, es decir, las casas no tienen nada de particular. Hay de todo. Mi casa está en una calle sin salida, lo que llamamos en inglés un *cul-de-sac*. Las casas de mi calle están pegadas unas a otras, son, como decimos nosotros, *terraced houses*. Pero muy cerca de nosotros hay casas separadas entre sí, es decir, *detached*, así como *bungalows*, o casas de una planta. Lo que más me gusta de mi barrio es el ambiente. Hay una discoteca muy cerca y también hay un club para jóvenes, donde nos reunimos a menudo, que organiza bailes, concursos, excursiones y muchas cosas más.

? Y ahora contesta tú:
1 ¿Dónde vives?
2 ¿A qué distancia está tu casa del instituto?
3 ¿Naciste allí?
4 ¿Dónde está tu barrio exactamente?
5 ¿Cómo es?
6 ¿Cuántos habitantes tiene?
7 ¿Hay muchas distracciones?
8 ¿A cuántos metros/kilómetros está la parada de autobús/la estación de metro/la estación de tren más cercana?
9 ¿Desde hace cuánto tiempo vives allí?
10 ¿En cuántas casas has vivido?
11 ¿Por qué os cambiasteis la última vez?
12 ¿Cómo son los vecinos?
13 ¿Has vivido alguna vez en otra parte del Reino Unido?
14 ¿Qué región de Inglaterra te gusta más?
15 ¿Has visitado alguna vez el País de Gales?
16 ¿Has estado en Irlanda?
17 ¿Conoces Escocia?

The following expressions will be useful to explain where you live:

está	en el campo
se encuentra	en la ciudad
se halla	en el centro
está situado/a	en pleno centro
	en las afueras
	en el norte/al norte de . . . . . .
	en el sur/al sur de . . . . . .
	en el este/al este de . . . . . .
	en el oeste/al oeste de . . . . . .
	en el noreste/en el sureste
	en el noroeste/en el suroeste

To express distance, you can use any of the following expressions:

(muy/bastante) cerca

13

(muy/bastante) lejos
a dos pasos
a cincuenta metros
a diez kilómetros
a poca distancia
a la vuelta de la esquina
a diez minutos
a mucha distancia

To indicate it is an estimate:

aproximadamente
más o menos
a unos . . . . . .
o (una cosa) así

X Answer the following questions using a different expression each time:

1 ¿A cuántos kilómetros está Londres?
2 ¿A qué distancia está la ciudad importante más cercana?
3 ¿A cuántos metros están las tiendas?
4 ¿Hay un supermercado cerca?
5 ¿Está lejos el centro de la ciudad?
6 ¿Dónde se encuentra el hospital?
7 ¿Dónde está Correos?
8 ¿A qué distancia está del instituto?

To explain how long something has been going on, use **desde hace**. To explain when something happened or started to happen, you can use **hace**.

Fill in the blanks in these sentences with either **hace** or **desde hace** as appropriate:

1 Empecé a estudiar español . . . . . . tres años.
2 Fui a España por primera vez . . . . . . un año.
3 Estoy resfriada . . . . . . una semana.
4 Le pedí que viniera . . . . . . media hora.
5 Estudio alemán . . . . . . quince días.
6 Está llorando . . . . . . veinte minutos.
7 Limpié la plata . . . . . . dos días.
8 No me habla . . . . . . un año.

9 . . . . . un par de días hubo una tormenta espantosa.
10 Estaba aquí . . . . . . un momento.

◢ The following words will be useful to describe the area where you live:

el barrio	el embotellamiento
la zona	la contaminación
la urbanización	el desempleo
el campo	sano
la ciudad	la mudanza
el suburbio	vivir
los medios de comunicación	quedar ⎪ cerca
el transporte público	⎪ lejos
las distracciones	trasladarse
la distancia	tener
el tráfico	hay

X Explain the advantages and disadvantages of living in your area by using the following phrases:

Tiene ventajas e inconvenientes

una
otra ⎪ ventaja (de vivir allí) es que . . . . . .
la (única)

un
otro ⎪ inconveniente (de mi barrio) es que . . . . . .
el (único)

Tiene un lado bueno y un lado malo:
el lado bueno es que . . . . . .
el lado malo es que . . . . . .

Remember the distinction between:

una casa – a house
en casa – at home
a casa – home (as in **Voy a casa**.)

Most Spanish people live in flats. Many also own or rent a house or flat by the sea or in the country where they spend their summer holidays. Don't attempt to translate words such as **detached**, **semi-detached**, **bungalow**, etc. as it is nearly impossible to do so. Look at the words given here to describe different sorts of accommodation:

un apartamento – a flat
un estudio   – a one-room flat with kitchen and bathroom
un piso   – a flat
un duplex   – a split-level flat
una casa   – a house (detached or not)
una mansión   – a large luxury house
una finca   – a detached house with some land
un chalet   – a detached house used mainly during holidays.

---

5. La familia

— ¿Tienes hermanos?

— ¿Que si tengo hermanos? Somos cinco, dos chicos y tres chicas. Yo soy la cuarta. El mayor, James, tiene 27 años; luego vienen una chica, Emma, tres años más joven, y un chico, Tony, que tiene 21. Luego voy yo y detrás de mí va Eliza, la pequeña, que va a cumplir 14 años.

— ¿Te llevas bien con todos?

— Pues, depende. Con el que mejor me llevo es con Tony, siempre hemos hecho buenas migas. Con Eliza me peleo bastante, porque al ser la pequeña está muy mimada: siempre se quiere salir con la suya. Los dos mayores están casados y ya no viven en casa. James vive en Cornwall, tiene dos niños y, aunque vienen a vernos, no lo hacen con demasiada frecuencia. Emma vive muy cerca de nosotros y la vemos casi todos los días. Lleva un año casada.

— ¿Te gustaría ver a tus sobrinos más a menudo?

— Creo que sí . . . Bueno, me gusta mucho que vengan, son muy ricos; pero son muy malos también. Cuando vienen, en casa no se puede hacer nada. El mayor tiene 3 años y es muy travieso: no para. El pequeño sólo tiene 17 meses, pero va por todas partes. Pero son muy graciosos.

La verdad es que yo me entretengo mucho con ellos.

— ¿Tienes novio?

— Sí, se llama Alec. Me lo presentó mi hermano Tony: trabajan en la misma oficina. Tiene veinte años, es rubio y bastante alto. Lo veo casi todos los días aunque sólo sea un rato. Salimos juntos desde hace un año más o menos. El y Tony se llevan bien porque los dos son del mismo estilo, tienen un carácter parecido.

? Y ahora contesta tú:

1 ¿Cuántas personas hay en tu familia?
2 ¿Tienes hermanos?
3 ¿Son mayores o menores que tú?
4 ¿Trabaja alguno?
5 ¿Cuántos años tiene el mayor/la mayor?
6 ¿Y el pequeño/la pequeña?
7 ¿Viven todos en casa o está casado alguno?
8 ¿Dónde vive(n)?
9 ¿Lo(s) ves a menudo?
10 ¿Tienes algún sobrino?
11 ¿Te gustan los niños?
12 ¿En qué trabaja tu padre?
13 ¿Trabaja tu madre?
14 ¿Trabajaba cuando tú eras pequeño/pequeña?
15 ¿Crees que es bueno que las mujeres casadas trabajen?
16 ¿Tienes novio/novia?
17 ¿Desde hace cuánto tiempo?
18 ¿Cuántos años tiene?
19 ¿Cómo lo conociste?
20 ¿Está trabajando?

The following will help you to talk about your family:

La familia	Su físico	
los padres	ser	alto/a
el padre		bajo/a
la madre		gordo/a
los abuelos		delgado/a

el abuelo
la abuela
los hermanos
los tíos
el tío
la tía
los sobrinos
la familia política
el matrimonio
el marido
la mujer
el cuñado
la cuñada
el novio
la novia

Su estado civil
soltero/a
casado/a
viudo/a
separado/a
divorciado/a

guapo/a
feo/a
rubio/a
moreno/a
pelirrojo/a

tener	los ojos	verdes
		azules
		negros
		castaños
		grises
	el pelo	negro
		rubio
		castaño

Su carácter
simpático/a
antipático/a
optimista
pesimista
alegre
divertido/a
inteligente
listo/a
torpe

◣ The following verbs are also useful:

estar mimado/a	compartir
llevarse bien	tener . . . . . . años
mal	casarse
pelearse	trabajar
discutir	estudiar
salirse con la suya	estar en paro
hacer buenas migas	divorciarse

◣ The following expressions will help you to talk about brothers or sisters or to say you don't have any:

soy hijo único/soy hija única
no tengo hermanos pero tengo una hermana
no tengo ningún hermano
no tengo ni hermanos ni hermanas
somos tres hermanos, todos chicos

somos dos hermanos, un chico y una chica
sólo tengo un hermano/una hermana

el mayor	la mayor
el segundo	la segunda
el tercero	la tercera
el siguiente	la siguiente
el que va detrás	la que va detrás
el (más) pequeño	la (más) pequeña
el más joven	la más joven
más pequeño que yo	más pequeña que yo
mayor que yo	

If you want to talk about them collectively:

los dos	las dos
los tres	las tres
todos	todas
los tres chicos	las tres chicas
los (dos) mayores	las (dos) mayores
los (dos) pequeños	las (dos) pequeñas

✘ The structure **ni . . . . . . ni** is very important. Use it in your answer to the following questions:

1 ¿Tienes un perro o un gato?
2 ¿Te gustan las novelas y las películas románticas?
3 ¿Quieres té o café?
4 ¿Vendrás hoy o mañana?
5 ¿Compraste el verde o el azul?
6 ¿Viste la televisión o hiciste los deberes?
7 ¿Irás por fin a Francia o a Bélgica?
8 ¿Dos o tres terrones de azúcar?
9 ¿Es para tí o para tu hermana?
10 ¿Hablas alemán o ruso?

✘ Fill in the blanks in the story that follows, using the words given underneath only once:

En mi . . . . . . somos siete: mis . . . . . . , mi abuela, y cuatro . . . . . . , dos chicos y dos . . . . . . Mi . . . . . . vive con nosotros desde que se quedó . . . . . . hace dos años. Mi . . . . . . es mecánico; trabaja en un . . . . . . Mi . . . . . . trabaja en una peluquería. Mi hermano mayor está . . . . . . ; su . . . . . . se llama Gina; . . . . . . muy . . . . . .

16

de nosotros y los vemos casi todos los días.
Desgraciadamente, mi hermano no tiene . . . . . . , está
en paro. Mi . . . . . . es la segunda; tiene . . . . . . , es muy
. . . . . . y esperan . . . . . pronto. Luego voy . . . . . . Yo
. . . . . . dieciséis años y . . . . . estudiando. Me . . . . . .
los deportes y me . . . . . . leer. Detrás de . . . . . . viene
Jamie; es el . . . . . . ; . . . . . . doce años y . . . . . . también
en mi instituto. No . . . . . . animales en casa porque mis
padres creen que ya . . . . . . bastantes.

abuela/chicas/casado/cerca/casarse/estudia/encanta/
estoy/familia/gustan/hermana/hermanos/mujer/madre/
mí/novio/padres/padre/pequeño/somos/simpático/
taller/trabajo/tengo/tenemos/tiene/viven/viuda/yo

---

6. En el instituto: un alumno nos habla

Pues . . . mi instituto no está mal; el edificio es bastante
grande y moderno. Hay muchas clases porque somos
unos mil quinientos alumnos, más o menos. Luego hay
una sala de profesores; los alumnos de cuarto, quinto y
sexto tienen también como salas de estar, lo que
llamamos *common rooms*, donde pueden reunirse,
hablar, estudiar. . . Hay también varios laboratorios de
ciencias. Hay tres comedores que funcionan en plan de
cafetería; en realidad son clases que se convierten en
comedores a la hora de comer. . . Hay también un Salón
de Actos donde se celebran *Assemblies* y distintas
funciones. Alrededor del edificio hay jardines, campos
de deporte . . . una gran extensión. Y cinco gimnasios.

El instituto empieza a las nueve menos diez. La
mayoría de los profesores tienen una tutoría, es decir,
son los profesores responsables de un grupo de alumnos.
Pasan lista todas las mañanas a primera hora, hablan con
nosotros, etc. Dos días a la semana tenemos Assembly.
Vamos con nuestro tutor al Salón de Actos donde nos
habla el director, el subdirector o algún otro profesor.

Las clases empiezan a las nueve y cuarto. Tenemos
cuatro clases al día y cada clase dura setenta minutos;
después de la primera clase, tenemos el recreo: dura
unos veinte minutos. Normalmente salimos, nos
reunimos los amigos, charlamos . . . Después del recreo,
hay dos clases más. La comida es a la una. Algunos
alumnos, la mayoría, comen la comida del instituto;
otros llevan sandwiches o salen a la calle a comprar algo;
y otros, pero no muchos, van a su casa a comer.

A las dos vamos a la clase otra vez y el tutor pasa lista
de nuevo. Por fin, a las dos y diez empieza la última clase
que termina a las tres y veinte. A veces hay alguna
actividad después del instituto, fútbol, cricket . . . o
algún club. Si no, cuando terminan las clases volvemos a
casa.

? Y ahora contesta tú:

1 ¿Cómo se llama este instituto?
2 ¿Puedes describirlo?
3 ¿Vives muy lejos del instituto?
4 ¿Cómo vienes?
5 ¿A qué hora te pones en camino?
6 ¿Cuánto tardas en llegar?
7 ¿Te gusta tu instituto?
8 ¿Qué haces a primera hora?
9 ¿Cuántos alumnos hay en tu tutoría?
10 ¿Cómo se llama tu tutor?
11 ¿Con qué frecuencia tenéis Assembly?
12 ¿Qué se hace en la Assembly?
13 ¿Cómo sabes que tienes que ir a la primera clase?
14 ¿A qué hora empieza la primera clase?
15 ¿Cuántas clases hay por la mañana?
16 ¿Cuánto dura el recreo?
17 ¿A qué hora es la comida?
18 ¿Se puede comer en el instituto?
19 ¿Qué tal es la comida?
20 ¿Hay turnos de comida o coméis todos al mismo
    tiempo?
21 ¿Van muchos alumnos a casa a comer?
22 Tú ¿qué prefieres?
23 ¿Cuántas clases hay por la tarde?
24 ¿Cuánto tiempo dura cada clase?
25 ¿A qué hora termina la última clase?
26 ¿Vuelves a casa directamente?

27 ¿Hay clubes en tu instituto?
28 ¿Hay un club español?
29 ¿A qué otros clubes perteneces?

The following expressions will be useful to describe a building:

el edificio es | viejo/moderno
| antiguo/nuevo
| pequeño/grande
| alto/bajo
| espacioso

es bastante/muy/verdaderamente | cómodo
| incómodo
| práctico
| poco práctico
| frío

tiene | aire acondicionado
no tiene | calefacción

es de | ladrillo
| metal
| cristal
| madera
| cemento
| aluminio

To describe the interior:

tiene | . . . . . . aulas   hay | un salón de actos
| . . . . . . clases | una sala de profesores
| . . . . . . ascensores | un campo de deportes
| . . . . . . escaleras | . . . . . . gimnasios
| . . . . . . laboratorios

las oficinas
los servicios | se encuentra(n)
| está(n) situado(s)/
| situada(s)
el despacho | del director | se halla(n)
| del subdirector
| del jefe de
| estudios

To discuss the activities that go on:

el tutor   terminar
el delegado   sonar
el bedel   pasar lista
el timbre   celebrarse
la campana   funcionar
el recreo   durar
empezar

X Use the expressions above to describe your own school.

The following expressions are useful when talking about numbers of people:

la mitad (de)
la mayor parte (de)
un diez por ciento
unos cuantos
unos pocos
bastantes
un gran número
algunos
muchos
la mayoría
la minoría

X You can avoid naming the subject in a sentence, so making it impersonal, by using **se** with the verb: **se bailó**, **se cantó**, **se vieron** . . . Practise this structure by changing the following sentences:

1   Vivimos bien en Madrid.
2   Dicen que merece la pena.
3   Corto la electricidad y ¡se acabó!
4   En todas las tiendas hablan inglés.
5   Venden toda clase de cosas.
6   La gente fuma cada día más.
7   Todos llegaron a un acuerdo.
8   Encargaré pollo y arreglado.
9   No me gusta que perdáis el tiempo.
10 Ya sé que has roto los platos.

The following are some of the terms you will hear Spanish people use, when talking about their educational system:

un parvulario un jardín de infancia	– nursery school
una escuela (primaria)	– a State primary school (6–14). Here pupils follow their E.G.B. course: Educación General Básica
un instituto	– a State secondary school (14–18). After three years' study pupils obtain their B.U.P. Certificate: Bachillerato Unificado Polivalente. If they want to go on to university, they stay another year and take the C.O.U. course: Curso de Orientación Universitaria.
un colegio	– a private school usually providing primary as well as secondary education.
un instituto de formación professional (F.P.)	– (14–18) a state secondary school where pupils can learn a trade or technical occupation.

Although State schools now provide meals, it is very common for children to go home for lunch. Private school pupils can be boarders or not:

internos	– boarders
externos	– those who go home for lunch
mediopensionistas	– those who stay for lunch

In Spanish schools, pupils have to show their proficiency in every subject, either by passing a series of graded tests during the year or in end-of-year exams. If they fail their exams, they are given another opportunity in September before the start of the new academic year. If they fail in more than two subjects, they have to repeat another year at the same level. This is called **repetir**.

7. En el instituto: una profesora habla con un padre de familia

— Buenas tardes, Mrs. Jackson. Soy el padre de Cheryl Trapp.

— ¡Ah, sí! Buenas tardes Mr. Trapp. Me alegro de que haya venido Vd.

— Tenía que venir. Estoy francamente disgustado con las notas de Cheryl. Ha suspendido cuatro asignaturas, arte, biología, inglés y matemáticas. Ya nos había dicho Cheryl que no iba bien en las tres primeras, que los profesores le tienen manía, pero ¡el suspenso en matemáticas! Me pregunto si ha habido un error.

— No, me temo que no Mr. Trapp. Cheryl no ha trabajado nada este año. Se ha hecho muy vaga; estoy muy descontenta con ella. Es muy habladora; no sólo no atiende ella cuando estoy explicando sino que distrae a muchos otros. Si la regaño, como tengo que hacer a menudo, me contesta de mala manera. Si la castigo y la dejo sin recreo o le digo que tiene que quedarse después de las clases, no aparece; si le doy trabajo para copiar, no lo hace . . . Francamente, no sé qué hacer con ella.

— ¡Parece imposible! Se ha pasado el trimestre estudiando matemáticas; en cuanto llega a casa, sube a su cuarto a hacer los deberes. Cuando le pregunto, siempre me dice que va bien, que las matemáticas son su asignatura favorita, que es la mejor de su clase . . . Sin ir más lejos, tuvo un examen hace 15 días y fue la única que sacó sobresaliente ¿no?

— ¿Cómo? Cheryl faltó ese día; no hizo el examen. De hecho, su asistencia deja mucho que desear.

— ¿Que falta mucho? ¿Qué quiere Vd. decir? Este trimestre no ha tenido ni una sola falta.

— Me parece, Mr. Trapp, que su hija, no sólo ha perdido el tiempo que ha pasado aquí; ha estado haciendo novillos cuando le ha parecido bien; le aseguro que se ha pelado un buen número de mis clases.

— ¡Pero bueno! ¿Es que no hay disciplina en este centro? Lo único que Cheryl necesita son buenos profesores, profesores estrictos que la ayuden, que la comprendan . . .

? Y ahora, contesta tú:

1 ¿Cómo son los profesores de tu instituto?
2 ¿Te llevas bien con ellos?
3 ¿Crees que los profesores deben ser estrictos?
4 ¿Cómo es la disciplina en tu instituto?
5 ¿Piensas que es importante mantener la disciplina?
6 ¿Qué castigos emplean en tu instituto?
7 ¿Qué tipo de castigo encuentras peor?
8 ¿Estás de acuerdo con la abolición del castigo corporal?
9 ¿Te han castigado alguna vez?
10 ¿Crees que los castigos sirven para algo?
11 Si no, ¿qué métodos te parecerían más eficaces?
12 ¿Qué asignaturas estás estudiando?
13 ¿Cuál es la más difícil?
14 ¿Cuál encuentras más fácil?
15 ¿Qué asignatura te gusta más?
16 ¿Vas mal en alguna?
17 ¿Cuántas lenguas modernas se pueden estudiar en tu instituto?
18 ¿Desde hace cuánto tiempo estudias español?
19 ¿Cuántas clases de español tienes a la semana?
20 ¿Continuarás estudiándolo el año que viene?
21 Normalmente ¿tienes muchos deberes?
22 ¿Preferirías tener menos?

The following adjectives are useful to describe teachers' characters:

estricto/a	serio/a
simpático/a	amable
antipático/a	divertido/a
maniático/a	comprensivo/a
ideal	poco comprensivo/a
exigente	competente
severo/a	incompetente
blando/a	

To describe your attitude towards teachers:

a algunos		a otros	
	les respetamos		les odiamos
	les apreciamos		les ignoramos
	les obedecemos		les tratamos mal
	les escuchamos		no les podemos ver
	les tratamos bien		les desobedecemos

To describe teachers' attitudes towards you:

muchos		otros	
	nos quieren		nos ignoran
	nos aprecian		nos utilizan
	nos tratan bien		nos tratan mal
	nos exigen		nos gritan
	nos ayudan		nos castigan sin
	nos hacen trabajar		motivo

X Use some of the expressions above to describe your teachers, their attitudes towards you, and your attitude towards them.

X Match up each of the following statements with its correct follow-up sentence:

Si son blandos	les apreciamos.
Si son exigentes	nos reímos de ellos.
Si son estrictos	les seguimos la corriente.
Si son simpáticos	nos portamos bien.
Si son divertidos	nos llevamos bien.
Si son maniáticos	lo pasamos bien.
Si son comprensivos	trabajamos más.

X Make up sentences using a word from each group:

Las matemáticas	son	difícil(es).
El inglés	me resulta(n)	fácil(es).
El español	lo/la(s) encuentro	interesante(s).
La historia	es	aburrido/a(s).
La biología		útil(es).
El arte		pesado/a(s).
El dibujo		horrible(s).

■ Other subjects:

física	química
trabajos manuales	religión
educación física	música
alemán	geografía
tecnología	latín
informática	electricidad
comercio	hogar
francés	alimentación
humanística	

■ The following verbs will be useful to talk about your school work and exams:

estar flojo	gustar
estar fuerte	odiar
ir bien	servir
ir mal	trabajar
suspender	seguir un curso
aprobar	practicar
examinarse	mirar (programas de
hacer un examen	televisión/diapositivas)

escuchar | al profesor
            | la cinta magnetofónica
            | (los) programas de radio

repetir
aprender
escribir (los ejercicios)
traducir
contestar | (las) preguntas
responder |

To talk about discipline and punishment:

obligar	castigar
prohibir	copiar
confiscar	quedarse (después de las
quitar	clases)
regañar	hablar
reñir	charlar
portarse bien	desobedecer
mal	tener manía

✗ Practise talking about your timetable using phrases such as:

1 Los lunes a primera hora tengo/tenemos . . . . . .
2 Los martes después del recreo tengo/tenemos . . . . . .
3 Los miércoles por la tarde tengo/tenemos . . . . . .
4 Los jueves por la mañana . . . . . .
5 Los viernes a las doce . . . . . .

Pupils in Spain receive their reports – **las notas** – five times a year. They are given marks for attainment (sobresaliente/notable/bien/suficiente/insuficiente) and attitude (A/B/C/D/E).

8. Clubes y actividades

— Bueno, Beverley, me has hablado de las asignaturas que estudias. Pero, aparte del trabajo, ¿qué otras actividades organiza el instituto?
— Todo tipo de actividades. Casi todos los departamentos ofrecen clubes: de idiomas, de arte, de fotografía, de ajedrez . . . hay también clubes de atletismo, de baloncesto, de natación. Algunos son a la hora de comer, es decir, de una a dos; otros son por la tarde, después de las clases.
— ¿Tú perteneces a algún club?
— Aparte del club español, al que voy casi todas las semanas, pertenezco a la orquesta. Toco el clarinete; practicamos dos veces a la semana y damos conciertos de vez en cuando. No tomo parte en ninguna de las actividades deportivas del instituto porque casi todas suelen ser a partir de las tres y media y yo no puedo quedarme. En cambio, soy socia de un club juvenil que hay en mi barrio. Allí también se practican muchos deportes; yo soy del equipo de baloncesto; nos entrenamos un día sí y otro no y jugamos partidos contra equipos de otros clubes.
— ¿Qué otras cosas se pueden hacer en el club juvenil, además de deportes?
— Pues . . . hay también un club de video . . . se hacen excursiones a Londres, al cine, al teatro, se puede ir de

camping . . . Hay una cantina, vamos, como una cafetería, donde se pueden tomar bebidas calientes y refrescos, patatas fritas, dulces . . .
— ¿Podéis bailar?
— Sí, una vez al mes organizan un baile, o *disco*. Arreglan una sala con luces, ponen música y bailamos o charlamos . . . Sólo cuesta veinticinco peniques y es de seis y media a nueve y media. Está muy bien.

? Y ahora contesta tú:

1   ¿Qué clubes o qué actividades ofrece tu instituto?
2   ¿Son a la hora de comer o por la tarde?
3   ¿Hay un club español?
4   ¿Quién lo organiza?
5   ¿Es para alumnos de todos los cursos?
6   ¿Qué cosas hacéis?
7   ¿Hay un coro/una orquesta en tu instituto?
8   ¿Tocas algún instrumento?
9   ¿Te enseñan a tocarlo en el instituto?
10   ¿Cuándo empezaste a aprenderlo?
11   ¿Es difícil?
12   ¿Te gustaría pertenecer a una orquesta fuera del instituto?
13   ¿Te gusta la música?
14   ¿Qué música prefieres?
15   ¿Cuál es tu cantante/conjunto favorito?
16   ¿Has estado en algún concierto suyo?
17   ¿Conoces a algún cantante/conjunto español?
18   ¿Qué piensas de la música pop española?
19   ¿Te gusta el flamenco?
20   ¿Tienes muchos discos?
21   ¿Cuánto cuesta un single?
22   ¿Qué canción está de moda en este momento?
23   ¿Quién la canta?
24   ¿Te gusta bailar?
25   ¿Vas mucho a la discoteca?
26   ¿Hay una discoteca cerca de tu casa?
27   ¿Vas solo/a?
28   ¿Perteneces a algún club juvenil?
29   ¿Vas a menudo?
30   ¿Cuánto cuesta hacerse socio/a?
31   ¿Cual es la edad mínima para hacerse socio/a?
32   ¿Qué cosas ofrecen?
33   ¿Organizan bailes?
34   ¿Hay cafetería?
35   ¿Qué se puede tomar allí?

X It is important to remember that there are two verbs in Spanish meaning **to play:**

tocar – to play an instrument
jugar – to play a game, a sport

Fill in the blanks in the following sentences with the appropriate form of **tocar** or **jugar**:

1   A mi hermano le encanta . . . . . . a los dardos.
2   Ayer me pasé toda la tarde . . . . . . a las cartas.
3   Si no llueve mañana . . . . . . el partido.
4   Dicen que es dificilísimo . . . . . . el arpa.
5   . . . . . . la batería y lo hace muy bien.
6   No quiere . . . . . . de portero.
7   . . . . . . tan bien que vencieron a los campeones.
8   El organista de esa iglesia . . . . . . al golf los domingos.
9   Ahora está . . . . . . el acordeón pero también . . . . . . la guitarra.
10   Dos horas más tarde le gritó: 'Deja ya de . . . . . . el tambor; me estás volviendo loca'.

X Give your opinion about certain musicians, pop stars, or groups by using the expressions below:

toca(n)	francamente bien
canta(n)	estupendamente
	verdaderamente mal
	bastante bien
	regular
	muy mal
	bien

es	bueno(s)/buena(s)
son	malo(s)/mala(s)
	mediocre(s)
	estupendo(s)/estupenda(s)

es	fenomenal(es)
son	formidable(s)
	sensacional(es)

lo(s) encuentro	buenísimo(s)/buenísima(s)
la(s) encuentro	malísimo(s)/malísima(s)
	horrible(s)
	ridículo(s)/ridícula(s)
	atroz/atroces
	espantoso(s)/espantosa(s)
	extraordinario(s)/extraordinaria(s)

X Use some of the expressions above to give your opinion of different kinds of music:

1 la música clásica
2 la música moderna
3 la música pop
4 el rock
5 la música punk
6 la música folklórica
7 el flamenco
8 la ópera

◼ The following expressions will be useful when talking about sports and games:

jugar	al billar	hacer	atletismo
	a los dardos		gimnasia
	a las cartas		deporte
	al ping-pong		

practicar	el patinaje	el billar	me entusiasma
	el judo		me fascina
	el boxeo		me gusta
	la lucha libre		me encanta
	la natación		me interesa
	el yoga		

X Remember to use the plural form (**nosotros**) when talking about yourself and your friends:

Soy aficionado al tenis.   *but*
Mis amigos y yo somos aficionados al tenis.

Me divierte el esquí acuático.   *but*
Nos divierte el esquí acuático.

Try and change the following:

1 Juego un partido todas las semanas – Mis compañeros y yo . . . . . .
2 Lo paso bien viendo la televisión – Mi familia y yo . . . . . .
3 Voy al cine muy a menudo – Mis amigos y yo . . . . . .
4 Me gusta mucho el boxeo – A mi hermano y a mí . . . . . .
5 Estoy aprendiendo a nadar – Algunos de mis amigos y yo . . . . . .
6 La encuentro espantosa – Otros alumnos y yo . . . . . .
7 Me parece muy importante saber otro idioma – A mis padres y a mí . . . . . .
8 Me mojé hasta los huesos jugando al fútbol – Mis compañeros de juego y yo . . . . . .
9 Soy socio de un club deportivo – Mi hermana y yo . . . . . .
10 Me encantan los deportes – A mis compañeros de curso y a mí . . . . . .

9. En el centro deportivo

— ¿Qué haces en tus ratos libres?
— Suelo ir a un club deportivo. Allí me reúno con mis amigos y practicamos distintos deportes.
— ¿Es sólo para jóvenes?
— No, es para todo el mundo. Si uno quiere hacerse socio, se paga una cuota anual y eso da derecho al uso de todas las facilidades. No es nada caro, creo que ahora cuesta unas dos libras.
— ¿Qué deportes podéis hacer en el centro?
— Bueno, pues hay varias pistas de tenis, de squash, de patinaje . . . Se puede jugar al baloncesto, al voleibol, al ping-pong; se puede hacer judo. Hay también una piscina cubierta y otra al aire libre, que sólo se utiliza cuando hace buen tiempo, desde mayo hasta septiembre o así.

— ¿Tenéis que llevar vosotros el equipo necesario para los distintos deportes?
— Normalmente llevamos las cosas personales como las zapatillas, las camisetas y así; pero allí se pueden alquilar pelotas, raquetas, balones . . .
— ¿Enseñan a jugar allí o hay que saber para poder jugar?
— También se puede aprender. Hay clases a distintos niveles: para principiantes, para los que ya saben un poco, para mejorar el estilo . . . Yo, por ejemplo, ya sabía nadar; pero allí seguí un cursillo de salvamento; al final, me hicieron una prueba, la pasé y me dieron un certificado.

? Y ahora contesta tú:
1 ¿Te gustan los deportes?
2 ¿Qué deportes practicas?
3 ¿Prefieres ser espectador o jugador?
4 ¿Perteneces a algún equipo?
5 ¿De qué juegas?
6 ¿Cuántas veces a la semana os entrenáis?
7 ¿Jugáis partidos a menudo?
8 ¿Tomáis parte en algún campeonato?
9 ¿Habéis ganado algún trofeo?
10 ¿Por qué crees que el fútbol es tan popular?
11 ¿Cuál es tu equipo de fútbol favorito?
12 Cuando juega cerca ¿vas a verlo?
13 ¿Te gustan los programas deportivos de la televisión?
14 ¿Crees que debería haber más (programas deportivos)?
15 ¿Qué facilidades hay en tu barrio en el terreno de los deportes?
16 ¿Eres socio/a de algún centro o club deportivo?
17 ¿Cuánto cuesta hacerse socio/a?
18 ¿Con qué frecuencia vas?
19 ¿Qué deportes se practican allí?
20 ¿Cuáles son los deportes favoritos?
21 ¿Estás aprendiendo algún deporte?
22 ¿Crees que todo el mundo debería hacer deporte?

■ The following expressions will be useful when discussing sports and games:

me gusta jugar	al fútbol
	al tenis
	al voleibol
	al rugby
	al baloncesto

me gusta	el hockey
	el cricket
	la natación
	el esquí acuático
	el patinaje

me gusta	nadar
	esquiar
	montar a caballo
	boxear
	patinar

X There are two verbs in Spanish meaning **to know**:
saber – to know (as a fact, with your brain, to know how to)
conocer – to know (with your senses, to be acquainted with):
No sé dónde vive Mariano.   Saben nadar.
Conocí a un músico famoso   No conozco su casa.

Fill in the blanks in the following sentences using the appropriate form of **saber** or **conocer**:
1 No . . . . . . alemán; . . . . . . español y francés.
2 . . . . . . algunas comidas españolas pero no . . . . . . hacerlas.
3 No . . . . . . jugar al tenis pero . . . . . . a una chica que me va a enseñar.
4 No . . . . . . dónde está.
5 . . . . . . el disco pero no lo tengo.
6 · . . . . . . que eras tú porque te vi llegar.
7 . . . . . . jugar es fácil; lo que es difícil es jugar bien.
8 Aunque . . . . . . a Mark desde hace tres años, nunca . . . . . . cómo va a reaccionar.
9 Yo ya . . . . . . que tú . . . . . . Londres.

10 Aunque había vivido allí tres años y . . . . . el barrio, no . . . . . . dónde estaba esa calle.

X Practise describing different sports and games by using the following:

. . . . . . es un deporte individual/de equipo

se juega	en una pista	de cemento
		de hierba
		de arena
	sobre el hielo	
	en un estadio	
	en el agua	
	en una mesa	
	a caballo	
	al aire libre	

se necesita(n)	una raqueta
	una paleta
	una pelota
	un balón
	un palo
	patines
	esquís

consiste en	lanzar una pelota	al campo contrario, sobre una red
		contra un muro
	meter	un balón	en la portería del equipo contrario
			en una red que cuelga de un aro
	deslizarse	sobre el agua
		sobre el hielo
		sobre la nieve

un partido dura . . . . . .

◼ The following words will also be useful:

el punto	el campo
el gol	los vestuarios
el marcador	el entrenamiento
el árbitro	el tanteo

el silbato	entrenarse	
el pito	ganar	el partido
la portería	perder	
el portero/guardameta	empatar	
el delantero	marcar	
el defensa	meter	
el saque	sacar	
el primer tiempo	tirar	
el segundo tiempo	expulsar	
el descanso	ser aficionado a	

Also notice the expressions:

me entretengo	jugando al fútbol
me relajo	haciendo atletismo
me divierto	viendo un partido
lo paso bien	viendo jugar a otros

jugar al fútbol	me entretiene
hacer atletismo	me relaja
ver un partido	me apasiona
ver jugar a otros	me divierte

lo encuentro	caro
es	barato
me parece	aburrido
	fascinante
	apasionante
	fácil
	difícil

10. Hobbies y pasatiempos

— Háblame un poco de tus hobbies, de lo que te gusta hacer en tus ratos libres.
— Bueno, pues a mí me gusta mucho la vida al aire libre. Cuando era más joven, pertenecía a los *scouts*; hacíamos muchas excursiones y casi todos los veranos mis padres me mandaban a uno de sus campamentos. Allí solíamos hacer de todo: alpinismo, natación, pesca, piragüismo. . . Yo disfrutaba con todas las actividades. Hace dos años, mis padres me dejaron, por primera vez, ir de camping

con tres amigos. Lo pasamos francamente bien. Era verano y no nos fuimos demasiado lejos por si surgía algún problema. Desde entonces, hemos ido de camping muchas veces; en cuanto tenemos una oportunidad, nos vamos. Hemos visitado ya gran parte de Inglaterra. Normalmente hacemos auto-stop pero este verano queremos ir a Escocia y nuestros padres piensan que sería mejor coger el tren hasta Edimburgo y hacer auto-stop desde allí.

— Cuando no puedes salir, por lo que sea, ¿cómo te entretienes en casa?

— Con mis trenes. Mis abuelos me regalaron mi primer tren eléctrico cuando tenía diez años. A partir de entonces, he ido añadiendo distintas cosas: estaciones, túneles, vías, semáforos . . . Lo tengo todo montado en una mesa muy grande en mi cuarto. Debo tener unas diez máquinas y treinta y cinco o cuarenta vagones por lo menos. Hay temporadas durante las que me paso todo el tiempo que tengo libre con los trenes: cambiando vías de sitio, arreglando desperfectos, poniéndolos en marcha . . . Hay otras, sin embargo, en las que no lo toco. Entonces mi madre se queja y dice que lo va a guardar, que es un estorbo, etc. Pero nunca lo hace.

? Y ahora contesta tú:

1 ¿Qué te gusta hacer en tus ratos libres?
2 ¿Tienes algún hobby?
3 ¿Te gusta coleccionar cosas?
4 ¿Qué cosas se coleccionan normalmente?
5 ¿Tienes una colección de sellos/de llaveros/de gomas/de monedas extranjeras?
6 ¿Cuántos/as tienes?
7 ¿De qué fecha es el sello más antiguo?
8 ¿Cuánto vale el sello de más valor?
9 ¿Qué país tiene los sellos más bonitos?
10 ¿Cuál es la moneda que más te gusta?
11 ¿Cómo consigues las monedas?
12 ¿Tienes los mismos hobbies ahora que cuando tenías diez años?
13 ¿Te interesan las motos/los coches?

14 ¿A partir de qué edad se puede conducir una moto en Inglaterra?
15 ¿Y en España?
16 ¿Cuál es la edad mínima para obtener el carné de conducir?
17 ¿Preferirías tener una moto o un coche?
18 ¿Cuál piensas que es la mayor ventaja de las motos/los coches? ¿La rapidez? ¿La comodidad?
19 ¿Qué es obligatorio llevar cuando se va en moto en este país?
20 ¿Qué es obligatorio llevar puesto cuando se conduce un coche en Inglaterra?

X Explain about the hobbies you had when you were younger by using the models below:

Cuando era pequeño/a | me gustaba + *infinitive*
| me gustaba(n) | el la los las | + *noun*

Cuando era más joven, pasaba | mi tiempo libre los fines de semana | + *present participle*

Cuando tenía . . . . . . años, me interesaba | el la los las | + *noun*

X Explain about your present hobbies and interests by using the models below:

Ahora me gusta + *infinitive*
me entusiasma | el la los las | + *noun*
me interesa(n)

El tiempo libre que tengo, lo paso + *present participle*

The following verbs will help you to discuss hobbies, games, and pastimes:

ir de pesca	cazar
pintar | al óleo	dibujar
| a la acuarela	patinar
leer	nadar
esquiar	hacer deporte
decorar	guisar
hacer punto	coser
bordar	bailar
montar a caballo	coleccionar | fotos
ir de camping	| posters
viajar	| discos
jugar | al fútbol	
| al tenis	
| (and other games)	
construir maquetas | de avión	
| de tren	
| de barco	

When discussing materials with which models can be made, the following expressions and verbs are useful:

de | papel	pegar
| cartón	encolar
con | papel maché	unir
| plástico	cortar
| metal	decorar
	pintar

You can also use the nouns:

la pesca	la equitación
el dibujo	la caza
el patinaje	la pintura
el patinaje sobre hielo	la natación
la lectura	los deportes
el fútbol	el piragüismo
el tenis	la decoración
el esquí	la cocina
el esquí acuático	la costura
el punto	el baile
el bordado	el alpinismo

Try and work out what hobbies the following sentences refer to:

1 Se necesitan telas, pinceles y pinturas.
2 Hay que tener hilo, aguja y un bastidor.
3 Normalmente se usa una escopeta.
4 Necesitamos, entre otras cosas, una linterna, un saco de dormir y una tienda.
5 Los guantes son la parte más importante del equipo.
6 Tienes que tener una cuerda y un casco.
7 Lo puedes hacer con distintos materiales.
8 El árbitro necesita una silla alta.

11. Los animales

— ¿Tienes animales en casa?
— Me encantan los animales. Cuando tenía siete años, mis padres me regalaron un perro; se llamaba Whisky. Desgraciadamente, no duró mucho. Al año o así, se puso enfermo y se murió. A partir de entonces no han parado de entrar animales en casa. Ahora tenemos dos perros, tres gatos, un periquito, un hampster y una tortuga. Cuando algún conocido nuestro se va de vacaciones fuera de Inglaterra, nos trae también a sus animales para que los cuidemos; nunca decimos que no. ¡Es una suerte que en casa nos gusten a todos!
— Cuando dices que te gustan ¿te refieres a los animales domésticos?
— Me refiero a todos, en general. Este año, por ejemplo, estoy aprendiendo a montar a caballo. Siempre había querido hacerlo pero mis padres decían que era muy caro; no sólo había que pagar las clases, que son unas cinco libras o así; había que pensar también en el equipo que se necesitaba: pantalones y botas de montar, casco . . . Este año, sin embargo, lo hago en mi instituto, es parte de mis estudios, un aspecto de la educación al aire libre, lo que llamamos en inglés, *Outdoor Education*. No necesitamos equipo; podemos llevar unos vaqueros y zapatillas, por ejemplo. Y el instituto se encarga de procurarnos el casco. No sólo disfruto con la equitación

en sí; ahora me encantan también los caballos. Nosotros nos encargamos de prepararlos para las clases. En realidad, todavía no me he encontrado con un animal que no me guste . . . Cuando deje el instituto, me gustaría trabajar en una granja o en algo relacionado con los animales.

Y ahora contesta tú:

1 ¿Te gustan los animales?
2 ¿Qué animales se pueden tener en casa?
3 ¿Tú tienes alguno?
4 ¿Hace mucho tiempo que lo(s) tienes?
5 ¿Quién lo(s) cuida?
6 ¿Da(n) mucho trabajo?
7 ¿Hay que sacarlo(s) de paseo?
8 ¿Qué animal doméstico prefieres?
9 ¿Te da miedo algún animal?
10 ¿Te da asco alguno?
11 ¿Sabes montar a caballo?
12 ¿Te gustaría aprender?
13 ¿Dónde montas?
14 ¿Qué piensas de las corridas de toros?
15 ¿Has visto alguna corrida?
16 ¿Te gustó?/¿Te gustaría ver una?

X Talk about the things you will probably do when you are older by using the following models:

cuando sea mayor	
cuando tenga dieciocho años	
cuando tenga (bastante/mucho) dinero	+ *future*
el año que viene	
dentro de dos años	

X Talk about your dreams and wishes by using the following models:

Si pudiera	
Si fuera posible	+ *conditional*
Si tuviera los medios	

Me gustaría	
Me encantaría	+ *infinitive* + *noun*
Me haría mucha ilusión	

X Try and identify the pets these sentences refer to:

1 Es bastante grande y ladra mucho.
2 Se pasa el día cantando.
3 Le encanta comer lechuga.
4 Ha aprendido a decir algunas palabras.
5 Durante el invierno, duerme.
6 Le gusta mucho dormir junto a la chimenea.
7 Lo tenemos en una pecera.

▗ When you talk about the things you will probably do in the future, it is nearly impossible to avoid using the subjunctive. This is so because you are referring to 'probabilities' rather than 'reality'. You would also use it to talk about what somebody else does (or did), or would want, wish, or hope you to do:

Present + Present subjunctive

Mis padres	que	(yo)	**vaya** de vacaciones con ellos.
esperan			**apruebe** todas mis asignaturas.
Mis amigos			**me quede** en el instituto el año
quieren			que viene.
			aprenda a bailar.

Imperfect or preterite + Imperfect subjunctive

Todos deseaban	que	(yo)	**jugara** en el equipo.
A muchos les gustó			**comprara** el disco.
			preguntara por qué.
			bailara toda la noche.

Conditional + Imperfect subjunctive

Mis padres querrían	que	(yo)	**estudiara** más.
A mis profesores			no **hablara** tanto.
les gustaría			**fuera** puntual.
			hiciera los deberes.

X In the following sentences, put the verb in brackets in the appropriate form of the subjunctive:

1 Mi madre quería que yo (ver) las fotos.
2 Mis padres esperan que yo (encontrar) trabajo.

3 Todos quieren que yo (mirar) la moto.
4 Mi tío quiere que yo le (visitar).
5 Mi padre espera que yo (lavar) el coche.
6 Mi profesor querría que yo (seguir) estudiando.
7 Mi vecina quiso que yo (cuidar) a sus hijos.
8 A mis amigos les gusta que yo (trabajar) con ellos.
9 Mis padres quisieron que yo (aprender) español.
10 Vd. quiere que yo (hablar).

12. La lectura

— ¿Te gusta leer?
— Pues sí, leo bastante, en casa y también en el instituto. Este año hemos leído en clase *To Kill a Mocking Bird*, creo que la traducción española es *Matar a un ruiseñor*. Y el año pasado leímos *Henry V*, de Shakespeare.
— ¿Puedes decirme de qué trata *Matar a un ruiseñor*?
— Lo intentaré. La historia transcurre en un pueblo en uno de los estados sureños de Norteamérica. El tema principal lo constituyen los recuerdos de la protagonista mediante los que básicamente nos presenta la sociedad racista, con todos sus problemas, en la que se desarrolló su niñez.
— ¿Te gustó?
— Sí, me gustó mucho. En realidad la historia ya la conocía porque vi la película en la televisión hace un par de años. Pero no me acordaba bien y además creo que hay bastantes diferencias; pienso que el libro es mejor.
— ¿Qué género de lectura te gusta a tí personalmente?
— Me gustan las novelas románticas y las policíacas. En general, cuando cojo un libro, me gusta leerlo de un tirón; mientras lo leo, estoy deseando llegar al final para enterarme del desenlace; y cuando lo termino, si es bueno, me da pena haberlo terminado. Durante el curso, no tengo demasiado tiempo para leer; suelo aprovechar las vacaciones.
— ¿Has leído algún libro en español?
— He intentado hacerlo dos o tres veces, pero voy muy despacio, tengo que buscar el significado de bastantes palabras, etc. y al final, me doy por vencida. Este verano, con calma, después de los exámenes, a lo mejor lo intento otra vez.

? Y ahora contesta tú:
1 ¿Estás estudiando literatura inglesa en el instituto?
2 ¿Qué libros tienes que leer?
3 ¿Sabes el título en español?
4 ¿De qué trata(n)?
5 ¿De quién es?
6 ¿Es clásico o moderno?
7 ¿Te gusta la literatura clásica?
8 ¿Qué autores conoces?
9 ¿Cual es tu autor predilecto?
10 ¿Conoces algo de la literatura española?
11 ¿Sabes quién escribió *Don Quijote*?
12 ¿Podrías decirme cuál es el tema principal del *Quijote*?
13 ¿Cómo se llamaba su criado?
14 ¿Qué tipo de libros te gusta leer en tus ratos libres?
15 ¿Cuántos libros lees al mes aproximadamente?
16 ¿Eres socio/a de una biblioteca?
17 ¿Hay una biblioteca cerca de tu casa?
18 ¿Cuántos libros puedes sacar cada vez?
19 ¿Lees el periódico regularmente?
20 ¿Qué periódico te gusta más?
21 ¿Qué secciones prefieres?
22 ¿Lees también revistas?
23 ¿Qué tipo de revistas prefieres?
24 ¿Perteneces a algún club de lectores?

X Talk about the type of books you like or dislike by using some of the following expressions:

me gustan	los libros	que tratan de . . . . . .
detesto		sobre . . . . . .
me encantan		que discuten . . . . . .
no soporto		que hablan de . . . . . .
		que tienen como tema . . . . . .

■ The following expressions will be useful to talk about books you have read:

la historia transcurre	en Europa	en una región en un pueblo en una ciudad	de España de Francia de Italia de Suiza de Bélgica

en el Canadá
en los Estados Unidos
en Sudamérica
en el Brasil
en Austria
en el espacio

a primeros de siglo
en el siglo diecinueve
en los años cincuenta
en nuestro tiempo
en el futuro

los personajes principales son:

el protagonista el héroe el personaje principal	es	inglés ruso alemán

la protagonista la heroína	es	americana africana australiana sueca

su(s) enemigo/a(s) su(s) adversario/a(s) su compañero/a(s)	es son	griego(s)/griega(s) turco(s)/turca(s) belga(s) suizo(s)/suiza(s) checo(s)/checa(s)

es un hombre/una mujer es un chico/una chica	valiente cobarde celoso/a inteligente listo/a tonto/a desagradable cruel

es un hombre/una mujer es un chico/una chica	mentiroso/a malo/a bueno/a enamorado/a de . . . . . . casado/a con . . . . . .

trata de	una misión secreta una expedición una amistad un secuestro un robo un asesinato un chantaje un asunto amoroso una aventura un atentado un accidente la vida de . . . . . . un crimen

tiene un desenlace tiene un final	feliz triste divertido inesperado trágico irreal

✗ Use the list above to talk about a book (or any books) you have read.

✗ Pair up the following sentences according to your tastes as far as possible:

Me entusiasman Detesto Me apasionan Me interesan No aguanto Odio Me entretienen Prefiero	las autobiografías. las novelas basadas en una historia real. los tebeos. las obras de teatro. las novelas históricas. las novelas de aventuras. las novelas rosas. las novelas de ciencia-ficción.

To explain how the plot develops, the following phrases may help:

en el primer capítulo | de la historia
al principio
al comienzo

pronto/en seguida/luego

cuando se da cuenta de | que . . . . . .
cuando se entera de | lo que . . . . . .
cuando le dice(n)
cuando ve

intenta | + *infinitive*
trata de |

después de (+ *infinitive*)/a continuación

no sabe | que . . . . . .
ignora | lo que . . . . . .

a lo largo de la historia

al final/en el último capítulo

The following may help you to talk about different items in newspapers:

las noticias | nacionales
| del extranjero/internacionales
los sucesos
los anuncios
las páginas deportivas
los horóscopos
la sección de espectáculos
los chistes

---

3. La televisión, el cine y la radio

— ¿Vas mucho al cine?
— No demasiado. Si ponen alguna película buena, no me la pierdo pero si no, prefiero quedarme en casa viendo la televisión.
— ¿Prefieres la televisión, entonces?
— Pienso que la televisión ofrece más variedad aunque también hay muchos programas muy malos.

Normalmente, en casa compramos el *Radio Times* o el *T.V. Times*, que son el equivalente del *Teleprograma* en España, para ver qué programas hay; si hay algo que nos gusta y no lo podemos ver, por lo que sea, lo grabamos para verlo más tarde. Antes solíamos pelearnos porque a menudo había un programa que yo quería ver en una cadena y, a la misma hora, en otra cadena, había otro que querían ver mis padres o mi hermano. Al final, mis padres decidieron comprar un video para evitar problemas.
— ¿Qué programas te gustan?
— Me gustan los concursos de cualquier tipo y las películas, sobre todo si son divertidas. También me gusta ver documentales. No suelo ver las series que ponen, aunque algunas son muy buenas, porque detesto tener que esperar para ver lo que pasa. Y se me hacen muy largas.
— ¿Oyes la radio también?
— La oigo bastante. Me encanta trabajar con música, no me molesta nada. También la pongo cuando leo y por las mañanas mientras me arreglo. Así, sé qué discos están de moda. La ventaja de la radio es que se puede oír y hacer mil cosas al mismo tiempo. A veces he intentado coger alguna emisora española, pero no he podido; todas las que cojo, son francesas. Seguramente mi aparato de radio no es lo bastante bueno . . .

? Y ahora contesta tú:
1 ¿Ves la televisión todos los días?
2 ¿Cuántas horas al día?
3 ¿Qué programas prefieres?
4 ¿Quién decide en tu casa los programas que se ven?
5 ¿Prefieres alguna cadena?
6 Los anuncios ¿te parecen una ventaja o un inconveniente? ¿Por qué?
7 ¿Ves algún programa con regularidad? ¿Cuál?
8 ¿Ves las noticias en la televisión o prefieres leer el periódico?
9 ¿Vas mucho al cine?
10 ¿Qué películas te gustan?
11 ¿Cuál es tu actor/actriz favorito/a?

12 ¿Cuándo fuiste al cine por última vez?
13 ¿Qué viste?
14 ¿De qué trataba?
15 ¿Quién era el actor/la actriz principal?
16 ¿Cuánto cuestan ahora las entradas?
17 ¿Hay muchos cines cerca de tu casa?
18 ¿Prefieres el cine o la televisión?
19 ¿Oyes la radio a menudo?
20 ¿La oyes en la cama?
21 ¿Qué emisora prefieres?
22 ¿Has cogido alguna vez una emisora española?
23 ¿Se oía bien?

Pair up the following sentences:

Las películas románticas	me hacen reír.
Las películas de ciencia-ficción	no las puedo aguantar.
Las noticias	me hacen llorar.
Los dibujos animados	me parecen ridículas.
Los programas musicales	me gustan mucho.
Los programas deportivos	las encuentro estúpidas.
Las películas antiguas	no me gustan nada.
Las películas del Oeste	me sublevan.
Los dramas	me encantan.
Las películas divertidas	jamás las veo.

Use expressions from the list below to talk about films or programmes you have seen recently:

ví . . .	recientemente	
	hace poco	
	el fin de semana	pasado
	el mes	
	la semana pasada	
	ayer	

me pareció	bastante/muy	bueno/a
lo/la encontré		malo/a
		interesante
		tonto/a

	estupendo/a
	horrible
	buenísimo/a
	malísimo/a

me gustó	mucho
	bastante
	muchísimo

no me gustó nada
me entusiasmó
me desagradó

The structure **no . . . . . . nada** is very important. Practise it in your answers to these questions:

1 ¿Te gustó la obra de teatro?
2 ¿Qué compraste por fin?
3 ¿Qué quieres ver?
4 ¿Te dieron lo que te debían?
5 ¿Has visto lo que ha pasado?
6 ¿Sabías que iba a venir hoy?
7 ¿Qué te han dicho tus padres?

The following will also be useful to talk about films and radio and T.V. programmes:

las películas de miedo	me ponen nerviosa
las películas policíacas	no me dejan dormir
las películas históricas	me hacen pensar
las películas bélicas/ de guerra	me dan miedo
las comedias	
los programas infantiles	
los programas educativos	
los seriales	
las entrevistas	
los programas de música	ligera
	pop
	clásica
	moderna

There are two television channels in Spain, VHF and UHF, referred to as **Primera** and **Segunda Cadena**. They are both state controlled, but have adverts. Some parts of Spain cannot receive UHF.

The first channel (VHF) usually transmits from around
2 p.m. to around midnight; the second one (UHF) has a
similar timetable at weekends, but during the week it
does not start until around 7 p.m. They show many
foreign films and series, mainly American and British,
usually dubbed.

T.V. programmes are announced in the daily papers;
some magazines carry programme details which can also
be found in something similar to our Radio and T.V.
Times: **Teleprograma** and **Supertele**.

---

14. El trabajo y el dinero

— ¿Qué haces los fines de semana?
— Los sábados trabajo en una peluquería para ganar un
poco de dinero.
— ¿No te dan nada en casa para tus gastos personales?
— Mis padres me dan tres libras a la semana, pero con eso
no tengo bastante: se van en un par de cosas. Empecé a
trabajar en la peluquería hace seis meses más o menos.
Me pagan seis libras y pico cada sábado y me saco
también propinas.
— ¿Qué tienes que hacer exactamente?
— Lavo el pelo de las clientes y hago diversas tareas
menudas: llevo las toallas a lavar, barro el suelo cuando
hace falta, preparo tazas de café. . .
— ¿Cuántas horas trabajas?
— Pues estoy allí desde que abren, a las nueve, hasta que
cierran a las cinco y cuarto.
— ¿Te gusta el trabajo?
— Mucho; lo encuentro muy interesante. Me gusta hablar
con la gente y allí tengo oportunidad de hacerlo. Las
clientes, generalmente son muy amables y los
compañeros de trabajo son muy simpáticos. Me lo paso
muy bien.
— ¿Has trabajado alguna vez en otro sitio?
— ¿No . . . bueno, a veces he ido a cuidar niños a sus casas
mientras los padres salían, lo que llamamos *baby-sitting*.
Era un trabajo cómodo, por lo general, pero muy

aburrido. Y además no era fijo. Prefiero lo que hago
ahora.
— Pasemos a otro tema. ¿Qué haces para distraerte en tu
tiempo libre?
— Pues, depende . . . A veces me reúno con mis amigos en
algún sitio y charlamos de mil cosas: de lo que hemos
hecho o de lo que vamos a hacer, del instituto, de algún
programa de la televisión . . . Otras veces vamos a un
café y tomamos alguna cosa. Otros días me quedo en
casa viendo la televisión o voy a casa de una amiga . . .

? Y ahora contesta tú:

1 ¿Te dan dinero tus padres para tus gastos
   personales?
2 ¿Recibes una cantidad semanal o mensual?
3 ¿Qué sueles hacer con el dinero que te dan?
4 ¿Te pagas tú la ropa?
5 ¿Ahorras algo?
6 ¿Para qué lo ahorras?
7 ¿Tienes suficiente con lo que te dan o haces algún
   trabajo para tener más?
8 ¿En qué consiste tu trabajo?
9 ¿Cómo lo encontraste?
10 ¿Qué edad tenías cuando hiciste tu primer trabajo?
11 ¿Cuánto te pagaban?
12 ¿Cuánto te pagan ahora?
13 ¿Piensas que es un salario justo?
14 ¿Qué piensan tus padres?
15 ¿Trabajan también tus amigos?
16 ¿Qué tipo de trabajo tienen?
17 ¿Ganan más o menos que tú?
18 ¿Prefieres estudiar o trabajar?
19 ¿Has trabajado alguna vez como repartidor de
   periódicos?
20 ¿Te gustaba?
21 ¿Tenía algún inconveniente?
22 ¿Has cuidado niños alguna vez?
23 ¿Cómo se portaban los niños?
24 ¿Hay algún trabajo que no te gustaría hacer?
25 ¿Qué haces los fines de semana para distraerte?
26 ¿A qué hora tienes que estar en casa?

27 ¿Sales en grupo o sólo con tu novio/novia?
28 ¿Qué es lo que más te gusta hacer?

■ The following expressions will be useful to talk about jobs:

los sábados trabajo | en un supermercado
en una zapatería
en una carnicería
en unos grandes almacenes
en una tienda de discos
en una cafetería
en un garage

trabajo como | cajero/a
soy | dependiente/a
vendedor/vendedora
repartidor de periódicos
camarero/a
recadero/mozo de tienda
niñero/a

mi trabajo consiste en | cuidar niños
tengo que | llevar recados
cobrar
servir | a los clientes
atender
repartir | el correo
paquetes
la leche

lo encuentro | interesante
aburrido
cansado
entretenido
cómodo
fácil

trabajo . . . . . . horas | al día
a la semana
al mes

cobro . . . . . . libras | por hora
me pagan . . . . . . libras | a la semana
gano . . . . . . libras | al mes

está bien/mal pagado

✗ Use the above expressions to explain your job, as if you were:
1 a shop-assistant
2 a baby-sitter
3 a messenger-boy

Now talk about what your friends, brothers, sisters, etc. do, using this as a model:
1 Mi . . . . . trabaja en . . . . . . Es . . . . . . Tiene que
. . . . . . Es un trabajo . . . . . .
2 Trabaja . . . . . . horas al día/a la semana/al mes.
Cobra . . . . . . libras.

That depends:
depende

That depends on:
depende | del día
del tiempo | que tenga
que haga
de la hora
de mis padres
de los deberes que tenga
del dinero que tenga
de lo que diga(n) | mi padre
mis amigos
mi profesor

✗ Explain how you spend your weekends by completing these sentences:

el viernes | por la mañana . . . . . .
el sábado | por la tarde . . . . . .
el domingo | por la noche . . . . . .

por la mañana temprano . . . . . .
a media mañana . . . . . .
antes de comer . . . . . .
después de comer . . . . . .
hacia las cinco . . . . . .
después de cenar . . . . . .

antes de salir . . . . . .
cuando vuelvo . . . . . .
después de cambiarme . . . . . .
antes de acostarme . . . . . .

Now, using the preterite, explain how you spent last
Sunday.
El domingo pasado . . . . . .

---

5. El uniforme y la moda

– Dime, Pauline ¿es obligatorio llevar uniforme en tu
  instituto?
– Para los alumnos de primero a quinto, sí. Las chicas
  tienen que llevar una falda gris, una blusa blanca y un
  jersey azul. Pueden llevar los zapatos que quieran
  aunque los tacones de aguja no están permitidos.
– ¿Y los chicos?
– Los chicos pueden llevar pantalones grises o azules,
  camisa blanca, corbata azul y jersey azul. También
  deben llevar una chaqueta azul con el escudo del
  instituto. Tienen que llevar zapatos: las botas y las
  zapatillas están prohibidas.
– ¿Os dejan llevar joyas?
– No . . . bueno, las chicas únicamente pueden llevar
  pendientes pequeños, sencillos . . . Pero todos llevamos
  algo: anillos, pulseras . . . Y algunos chicos llevan un
  pendiente en una oreja. La mayoría de los profesores
  hacen la vista gorda.
– ¿A tí te gusta llevar uniforme?
– No, no nos gusta a ninguno. Todos preferiríamos que
  nos dejaran vestir de calle, llevar la ropa que está de
  moda.
– ¿Cómo vistes tú fuera del instituto?
– En invierno me gusta llevar pantalones. Ahora están de
  moda los pantalones y los jerseys holgados. En verano
  prefiero los vestidos ligeros aunque también depende de
  adónde voy y de lo que voy a hacer. Para estar en casa,
  igual llevo una camiseta y unos pantalones.

? Y ahora contesta tú:

1 ¿Hay que llevar uniforme en tu instituto?
2 ¿Tenéis un uniforme de invierno y otro de verano?
3 ¿Cómo es el uniforme de los chicos?
4 ¿Y el de las chicas?
5 ¿Preferirías no tener que llevar uniforme?
6 ¿Qué te pondrías?
7 ¿Quién elige tu ropa?
8 ¿Te gusta vestir a la última moda?
9 ¿Te pagas tú la ropa?
10 ¿Prefieres tener poca ropa pero de buena calidad o
    prefieres tener mucha aunque no sea buena?
11 ¿Qué ropas están ahora de moda?
12 ¿Es una moda cómoda?
13 ¿Cuánto esperarías tener que pagar por unos
    vaqueros/una camiseta/unas botas/un chandal?
14 ¿Cómo describirías tu peinado?
15 ¿Prefieres el pelo corto o largo?
16 ¿Con qué frecuencia vas a la peluquería?
17 ¿Te gusta llevar el pelo bien arreglado?
18 ¿Te gustan las joyas?
19 ¿Llevas alguna joya en este momento?
20 ¿Gastas mucho dinero en joyas o prefieres gastarlo
    en ropa?

The following words will be useful to discuss clothing:

un traje	una blusa
una camisa	una falda
una corbata	un vestido
unos pantalones	unos bermudas
un jersey	un chandal
una camiseta	unas botas
un jersey polo	unas zapatillas
una chaqueta	un impermeable
un abrigo	un sombrero
unos zapatos	un pichi
una boina	una bata
un mono	

To describe the length of skirts, dresses, and coats, the following expressions are useful:

largo/a   por debajo de la rodilla
corto/a   por encima de la rodilla
a media pierna

To describe clothes:

una falda	lisa	unos pantalones	cortos
	estampada		largos
	de cuadros		bombachos
	de rayas		ajustados
	de lunares		holgados
	escocesa		

To describe materials clothes are made of:

de	lana	de	piel
	tergal		nilón
	algodón		terciopelo
	franela		fibra
	seda		raso

To describe sorts of colours:

colores	vivos
	claros
	oscuros
color azul marino	

The following expressions are useful to describe footwear:

unos zapatos	de medio tacón
	de tacón
	planos
unos mocasines	
unas sandalias	
unas zapatillas (de tenis)	

X Use the above expressions to describe the clothes:
1 your Spanish teacher wears in winter.
2 your mother wears in summer.
3 worn by one of your friends when going to a disco.

X Now complete the following sentences:
1 A mí me gustan los colores . . . . . .
2 Mi color preferido es el . . . . . .
3 En invierno me gusta llevar . . . . . .
4 Prefiero los pantalones/las faldas . . . . . .
5 En verano suelo llevar . . . . . .
6 No me gustan . . . . . . Los/las encuentro . . . . . .

The following expressions will also be useful:

los pantalones	me están	bien
las faldas	me quedan	mal
	me hacen	gordo/a
		delgado/a
	me resultan	cómodos
		incómodos

◢ The following expressions are useful to describe hairstyles:

el pelo	corto	
	largo	suelto
		trenzado
		recogido

una melena	larga
	por los hombros
	lisa
	rizada

con raya	en el centro	un moño
	a un lado	bien peinado
sin raya		mal peinado
una trenza		hacerse la permanente
una cola de caballo		cortarse	el pelo
dos colas		recortarse	
un flequillo		secar a mano

lleva	una cinta
	una diadema
	un cogepelos
	una horquilla

✗ Pair up the following sentences:

Cuando hace calor	me pongo un jersey gordo.
Cuando voy al instituto	suelo ponerme algo elegante.
Cuando hace frío	me pongo un pijama o un
Cuando llueve	camisón.
Cuando voy a un baile	me pongo una blusa sin
Cuando hago alpinismo	mangas.
Cuando nieva	llevo ropas deportivas.
Cuando llega la hora	tengo que ponerme el
de acostarme	uniforme.
	prefiero llevar una gabardina.
	me pongo guantes y una
	bufanda.

16. Las vacaciones

— ¿Dónde pasas normalmente las vacaciones de verano, Liza?

— La mayor parte del verano la suelo pasar aquí, en Londres. Muchos de mis amigos se quedan aquí también y lo que hacemos es reunirnos más a menudo; no hacemos nada en especial. Vamos bastante a una piscina que hay cerca y que generalmente está llena de gente; vamos de excursión a algún sitio no muy lejos, para volver el mismo día; leemos, vamos al cine . . . Mi padre tiene sólo dos semanas de vacaciones en verano y las pasamos en Cornwall, en casa de mis abuelos. Vamos allí todos los veranos y lo paso bien porque conozco a todo el mundo. La casa está bastante cerca de la playa así que puedo ir casi todos los días si hace buen tiempo. Me gusta nadar, tenderme al sol, leer, caminar por la playa . . . Aprovecho para descansar.

— ¿Y tú, Louise? ¿Vas a algún sitio en verano?

— Normalmente voy a España con mi familia. Empezamos a ir hace tres años. Mis padres alquilan una *villa* en un pueblo cerca de Alicante con otros amigos y pasamos allí el mes de agosto. Es una casa muy grande; nosotros somos cuatro y en la otra familia son cinco así que tiene que ser grande. Lo mejor de la casa son el jardín que la rodea y la piscina. De vez en cuando vamos a la playa pero suele estar tan llena que no merece la pena. Allí nos reunimos con gente de nuestra edad, casi todos turistas como nosotros. Y por las tardes, o por la noche, salimos aunque sólo sea a dar una vuelta.

— Finalmente, Carol, dime ¿cómo pasas tú las vacaciones de verano?

— Yo no voy a España. La verdad es que fui con mi familia una vez, hace tres años, en uno de esos viajes organizados y no tuvimos demasiada suerte. El hotel era bonito pero muy incómodo. Había gente por todas partes y el servicio era muy lento y muy malo. Las habitaciones eran terribles: se oían los ruidos de las habitaciones de al lado perfectamente. Para colmo de males, mi padre se puso malo; nada serio, pero se lo tomó muy mal. Decía que había sido el agua . . . En fin, que no hemos vuelto. Mis padres han comprado un *caravan* y nos vamos por ahí quince días. Así, poco a poco, estamos recorriendo Gran Bretaña. Yo preferiría hacer algo distinto pero, de momento, mi opinión no cuenta.

? Y ahora contesta tú:

1 ¿Dónde pasas las vacaciones de verano normalmente?
2 Si las pasas aquí ¿preferirías ir a algún sitio?
3 ¿Has ido alguna vez al extranjero?
4 ¿Adónde fuiste?
5 ¿Prefieres ir al campo o a la playa?
6 ¿Prefieres pasar las vacaciones en Inglaterra o en el extranjero?
7 ¿Qué países conoces?
8 ¿Qué regiones de Gran Bretaña conoces?
9 ¿Tu familia tiene un *caravan*?
10 ¿Te gusta quedarte a pasar las vacaciones en un sitio o prefieres viajar visitando lugares distintos?
11 ¿Prefieres ir a un hotel o a un apartamento?
12 ¿Cómo viajas normalmente?
13 ¿Qué medio de transporte prefieres?
14 ¿Por qué?
15 ¿Has visitado España?
16 ¿Cómo fuiste?

17 ¿Te gustó?/¿Te gustaría ir?
18 ¿Hablaste mucho español?
19 ¿Te gustó la comida?
20 ¿Te gustaría volver?
21 ¿Adónde fuiste el verano pasado?
22 ¿Con quién fuiste?
23 ¿Vas siempre de vacaciones con tu familia/tus amigos?
24 ¿Lo pasaste bien?
25 ¿Qué harás este verano?
26 ¿Te pagan tus padres las vacaciones?
27 ¿Has pasado las vacaciones alguna vez esquiando?
28 ¿Sabes esquiar?
29 ¿Cuáles han sido tus mejores vacaciones en los últimos cinco años?
30 ¿Qué haces durante las vacaciones?

The following expressions will be useful to talk about your likes and dislikes concerning holidays:

no me gustó nada	
no me apetece	
. . . . . . no me dice nada	
me negaría a	
si tuviera los medios, me encantaría	+ *infinitive*
si pudiera elegir, querría	
me irrita	
me gustaría poder	

The following expressions will be useful to explain how you pass your time:

me paso las horas muertas		
pasé	mucho tiempo	
paso		
por las mañanas	me entretendré	+ *present participle*
	me entretengo	
por las tardes	me divertía	
	me divierto	
paso	las noches	
pasaré		

X Complete these sentences by adding a country of the United Kingdom:

El año	iré a	I. . . . .
que viene	voy a ir a	E. . . . . .
Este año	me quedaré en	el P. . . . . de G. . . . . .
		I. . . . . (del N. . . . . .)

El año pasado	fui a	I. . . . .
Hace	recorrí	E. . . . . .
años	me quedé en	el P. . . . . de G. . . . . .
		I. . . . . (del N. . . . . .)

X Complete the following sentences by adding a European country:

1 El año pasado vi una corrida en E. . . . . .
2 Hace dos años tomé parte en una carrera ciclista en F. . . . . .
3 Dentro de cinco años beberé cerveza en A. . . . . .
4 Este año veré al Papa en I . . . . . .
5 El invierno que viene pienso esquiar en A. . . . . .
6 Me encantaron los canales de H. . . . . .

X Fill in the blanks in the following story using words from the list below:

El año pasado . . . . . . ir a España con unos . . . . . . Fuimos en . . . . . . porque era más . . . . . . El viaje . . . . . . dos . . . . . . Cuando llegamos a nuestro destino, ... agotados. El hotel . . . . . . estupendo; desgraciadamente los ascensores no . . . . . . Tuvimos que subir nuestro . . . . . . hasta el . . . . . . piso. Una vez en . . . . . . habitación, nos dimos cuenta de que no había . . . . . . Llamamos por . . . . . . a Recepción pero no nos contestaron: estaban en . . . . . . No fue un buen . . . . . . Sin embargo, al día siguiente todo se arregló. Mientras . . . . . . allí, ... a la . . . . . . todos los días y a la . . . . . . todas las noches. Lo . . . . . . muy bien. De vuelta en Inglaterra, ... volver a España todos los . . . . . .

amigos/años/barato/comienzo/decidí/decidimos/días/ discoteca/duró/estuvimos/estábamos/equipaje/fuimos/ funcionaban/huelga/nuestra/pasamos/parecía/playa/ séptimo/teléfono/toallas/tren

17. Los viajes escolares

— ¿Has estado en España?

— Sí, fui el año pasado con el instituto. El departamento de Lenguas organizó un viaje a Salou, en la Costa Brava, durante las vacaciones de Pascua y mis padres pensaron que debía ir. Pasamos allí nueve días.

— ¿Fuisteis en avión?

— No, en autobús. Tardamos dos días en llegar y otros dos en volver, pero el viaje no se hizo pesado. El peor momento fue el del barco, al cruzar el Canal; el mar estaba bastante revuelto y casi todos nos mareamos. Pero, una vez en Francia, nos olvidamos. A la vuelta tuvimos suerte, el mar estaba como un plato.

— ¿Hicisteis noche en Francia?

— Sí, pasamos la primera noche en Dijon, en un albergue juvenil. Llegamos a Salou al día siguiente, muy tarde, hacia las once de la noche o así.

— ¿Practicásteis el español mientras estuvísteis en España?

— No mucho. Entre nosotros no, claro, y los profesores nos acompañaban a todos los sitios y era más fácil explicarles a ellos lo que queríamos. Pero lo hablamos un poco. Nos hicieron trabajar en una especie de proyecto: teníamos que pedir información en las tiendas y a la gente por la calle. Pero algunos hicimos trampa. Descubrimos que en la Oficina de Turismo nos daban la información ¡y en inglés! Y nos aprovechamos bien . . . El viaje, en general, estuvo muy bien. Fuimos a Barcelona un día; paseamos por las Ramblas y visitamos el Barrio Gótico ¡muy interesante! Luego fuimos de compras a unos grandes almacenes, El Corte Inglés, creo. Hicimos otras excursiones también. Yo lo pasé muy bien. Este año han vuelto otra vez; yo no pude ir y lo sentí: tuve que ir a visitar a unos parientes en el norte. A lo mejor el año que viene, si sigo en el instituto . . .

? Y ahora contesta tú:

1 ¿Has estado en España?
2 ¿Cuántas veces has estado?
3 ¿Cuándo fuiste por primera/por última vez?
4 ¿Cuánto tiempo pasaste en España?
5 ¿Qué ciudades visitaste?
6 ¿Fuiste con tu familia o con tu instituto?
7 ¿Cuántos alumnos suelen ir?
8 ¿Tenéis que hacer algún trabajo?
9 Si no has ido nunca con tu instituto ¿te gustaría ir?
10 ¿Has cruzado el Canal de la Mancha alguna vez?
11 ¿Adónde fuiste?
12 ¿Cuánto duró la travesía?
13 ¿Te mareaste en el barco?
14 El que Gran Bretaña sea una isla ¿tiene ventajas o inconvenientes?
15 ¿Se puede ir en barco desde Inglaterra hasta España?
16 ¿Cuánto dura el viaje?
17 ¿Cómo prefieres ir a España: en tren, en barco, en avión o en coche? ¿Por qué?
18 ¿Qué es lo que más te gustó de tu viaje?
19 ¿Te gustaría volver?

◢ When talking about ways of travelling from one place to another, the following expressions are very useful:

en avión	en taxi
en barco	en moto
en tren	en bicicleta
en coche	a pie
en metro	a caballo
en autobús	

✘ Use a different expression each time to answer the following questions:

1 ¿Cómo fuisteis de Londres a Madrid?
2 ¿Cómo viajásteis de Plymouth a Santander?
3 ¿Cómo iréis de París a Madrid?
4 ¿Cómo fuisteis al Retiro desde el Museo del Prado?
5 ¿Cogísteis un taxi para ir a la Abadía de Westminster desde las Casas del Parlamento?
6 ¿Cómo vienes al instituto?
7 ¿Cómo se puede ir de Londres a Edimburgo?

Make up sentences taking words from the lists below:

El tren	es más	cómodo	que	el tren.
El avión	no es tan	rápido	como	el avión.
El barco	es tan	caro		el barco.
El coche	es menos	barato		el coche.
El autobús		interesante		el autobús.
		lento		

X If you are asked whether you have been somewhere and your answer is negative, rather than just saying **no**, you can use any of the following expressions:

todavía no, pero pienso ir algún día
jamás he estado
no he ido nunca
no, pero iré pronto
no me apetece ir

estuve a punto de ir pero	al final no pude
	mis padres no me dejaron
	no pude conseguir el dinero

me hubiera gustado ir pero . . . . . .
me gustaría haber ido pero . . . . . .
no, pero espero ir pronto

X Use expressions from the list above to answer the following questions:

1 ¿Has estado alguna vez en España?
2 ¿Vas mucho al teatro?
3 ¿Quieres venir a Madrid conmigo?
4 ¿Fuiste por fin a la fiesta?
5 ¿Has ido ya a Mallorca?

To express probability, you could use any of these expressions:

a lo mejor	voy	el año que viene
		pronto
		dentro de tres años

quizá	vaya	con mis amigos
puede ser que		con mi familia
es posible que		con el instituto

X Now pair up the following sentences:

Cuando estuve en Madrid	el País Vasco.
Lo mejor de Granada es	la Mezquita.
Cuando vaya a Barcelona	estaba en Sevilla.
Yo no sabía que la Giralda	la Alhambra.
Para comer una paella bien hecha	pienso pasar una tarde en el Tibidabo.
En Córdoba me perdí por ir a ver	fui al Rastro.
Recorreré el norte, empezando por	hay que ir a Valencia.

◾ The following adverbs are useful to qualify adjectives:

muy	increíblemente
un poco	verdaderamente
bastante	francamente

as is the ending **-ísimo/a** to form the superlative.

X Change the following expressions to their superlative form by adding **-ísimo**, and then say what they mean:

muy listo	muy divertido
muy aburrido	muy viejo
muy interesante	muy pesado
muy largo	muy incómodo
muy barato	muy fácil

18. El intercambio escolar (1)

— ¿Has estado en España alguna vez?
— Sí, fui el año pasado con un intercambio organizado por mi instituto. Lo organizan todos los años pero la edad mínima para participar es de catorce años. Fuimos unos diez o cosa así. Antes de ir, ya sabíamos con qué familia íbamos a estar; nos escribimos un par de veces, mandándonos los detalles que hacían falta. Fuimos en avión a Valencia; en el aeropuerto estaban esperándonos las familias. Yo me encontré con la mía ¡vamos! con la que me iba a tener a mí, en seguida y fuimos a su casa en coche. Por el camino me iban

enseñando cosas pero yo estaba demasiado nerviosa para entender lo que decían.

— ¿Estuviste en Valencia todo el tiempo?

— No, porque eran las vacaciones de Pascua y estaban pasándolas en su casa de campo, en un pueblo a unos treinta kilómetros de Valencia. La primera noche la pasamos allí porque pensaron que yo estaría cansada. Pero no pude deshacer las maletas ni nada porque al día siguiente salíamos para el pueblo. Lo único que hice fue sacar unos regalos que llevaba para ellos – para mi amiga y para sus padres. Era ya bastante tarde así que cenamos temprano y nos acostamos pronto porque a la mañana siguiente teníamos que madrugar. Me acuerdo que yo estaba bastante cansada pero, con los nervios y la excitación del viaje, tardé mucho en dormirme.

— ¿A qué hora cenásteis entonces?

— Serían la nueve o cosa así, lo que a mí me pareció demasiado tarde. Pero me explicaron que ellos solían cenar hacia las diez. También me dijeron que sería una cena ligera pero tomamos sopa, pescado al horno con alcachofas, fiambres y fruta. Y, para celebrar mi llegada, también sacaron pasteles.

? Y ahora contesta tú:

1. ¿Has ido a España con un intercambio?
2. ¿Quién lo organizó?
3. ¿Cuántos alumnos fuisteis?
4. ¿A qué parte de España fuiste tú?
5. ¿En qué época del año?
6. ¿Cómo fuiste?
7. ¿Cuánto duró el viaje?
8. ¿Estabas nerviosa?
9. ¿Habías estado ya en España?
10. ¿Dónde te reuniste con la familia?
11. ¿Fue algún profesor con vosotros?
12. ¿Puedes describir a la familia?
13. ¿Fuisteis a su casa directamente?
14. ¿Cómo fuisteis?
15. ¿Cómo se llamaba el chico/la chica con quien hiciste el intercambio?
16. ¿Llegaste por la mañana o por la noche?
17. ¿Qué fue lo primero que hiciste al llegar a casa?
18. ¿Qué te pareció tu primera comida allí?
19. ¿A qué hora se come generalmente en España?
20. ¿A qué hora se cena?
21. ¿Tomaban vino en las comidas?
22. ¿Te gustaron todos los platos que probaste?
23. ¿Qué es lo que más te gustó?
24. ¿Hubo algo que no te gustara nada?
25. ¿Encontraste mucha diferencia entre las comidas españolas y las inglesas?

X Describe (real or imaginary) what you did when you arrived at your correspondent's house, using the expressions below as a guide:

nada más llegar	+ *preterite*
en cuanto llegué	

a continuación	+ *preterite*
inmediatamente después	

luego	+ *preterite*
después	
un poco más tarde	

por fin	+ *preterite*
por último	
finalmente	

The following verbs will be useful:

saludar	dar regalos
preguntar	lavarse
hablar	cambiarse
poder	comer
entender	merendar
gustar	cenar
enseñar	probar
deshacer las maletas / el equipaje	atreverse a
	dejar
ayudar	permitir
hacer buena impresión / mala impresión	decir
	estar nervioso/a
estar cansado/a	acostarse
	dormirse

X Remember the difference between **pedir** and **preguntar**:
pedir – to ask for
preguntar – to ask (a question).

Practise them by filling in the blanks with the appropriate form of one or the other, as required:

1   Mi hermana me . . . . . . qué tiempo hacía.
2   Nosotros le . . . . . . que viniera.
3   Cuando el policía me . . . . . . el pasaporte, no lo pude encontrar.
4   Ellos me . . . . . . si había tenido buen viaje.
5   Ahora mismo le . . . . . . una explicación.
6   Después de . . . . . . me cuánto había pagado, me . . . . . . que no dijera nada.
7   Si me . . . . . . la luna, te la traeré.
8   Mi madre siempre me . . . . . . que le ayude a hacer las camas.
9   No voy a . . . . . . te dónde estuviste, porque no quiero saberlo.
10 Mi hermana me . . . . . . perdón.

X Repeat the following sections of the dialogue, putting them into the future tense:
a from **Fuimos unos diez** to **lo que decían**
b from **Pero no pude deshacer** . . . . . . to . . . . . . **tardé mucho en dormirme**.

---

19. El intercambio escolar (2)

— Cuéntame lo que hiciste durante tu estancia en España.
— Bueno, pues hice de todo un poco. En general, me acomodé a la rutina de la familia, sobre todo a la de mi amiga. Cuando llegué, Pilar, mi amiga, estaba de vacaciones todavía. Aprovechamos los días que le quedaban para salir, unas veces solas, otras con sus amigos, por la ciudad. Fuimos de compras, visitamos algunos museos, no muchos; fuimos de tapas un par de veces, paseamos . . . Las tardes allí son muy largas: salíamos a las cuatro, por ejemplo, merendábamos por ahí y no teníamos que estar de vuelta en casa hasta cerca

de las diez. También salimos algún día después de cenar pero entonces venían también sus padres. Nos llevaron una vez a una verbena; me gustó mucho.
— ¿No fuiste a un colegio español, entonces?
— Sí, como he dicho, a Pilar le quedaban unos días de vacaciones cuando llegué pero luego empezaron las clases otra vez. Entonces iba con ella a su instituto, entraba en sus clases.
— ¿Qué impresión sacaste?
— Bueno, me pareció que la disciplina allí es más estricta. En sus clases hay más alumnos que en las nuestras y, sin embargo, no se nota. Cuando llega la hora de trabajar, todos trabajan. La gente allí es muy simpática, todos querían hablar conmigo e invitarme en la cafetería. La idea de la cafetería me gustó, se puede tomar algo a la hora del recreo. Pero me dijeron que no todos los institutos tienen. A la una, íbamos a casa a comer y volvíamos de nuevo por la tarde a las cuatro, hasta las seis.
— ¿Qué es lo que más te llamó la atención?
— Mmmmm . . . creo que lo que más me chocó es el que los alumnos no tengan que cambiar de aula, pasan todo el día en la misma. Allí son los profesores los que van a las distintas clases; me parece una ventaja para los alumnos pues así no tienen que llevar sus cosas de un lado a otro. ¡Y no se arma tanto jaleo tampoco!

? Y ahora contesta tú:

1   ¿Qué hiciste cuando estuviste en España?
2   ¿Fuiste de tapas?
3   ¿Probaste los calamares/las gambas al ajillo/la tortilla?
4   ¿Te gustó alguna tapa en especial?
5   ¿Visitaste muchos sitios interesantes?
6   ¿Viste algún edificio famoso?
7   ¿Por qué es famoso?
8   ¿Hiciste muchas compras?
9   ¿Qué regalos compraste para tu familia?
10 ¿Fuiste a alguna corrida de toros?
11 ¿Qué te pareció?

12 ¿Echaste de menos a tu familia en algún momento?
13 ¿Fuiste al instituto/al colegio de tu amigo/a?
14 ¿Puedes describirlo?
15 ¿Cuántos alumnos había en su clase?
16 ¿Llevaban uniforme?
17 ¿Te gustaron las clases?
18 ¿Entendías lo que decían?
19 En sus clases de inglés ¿utilizan los mismos métodos que en tus clases de español?
20 ¿Crees que tu estancia te sirvió para perfeccionar tu español?
21 ¿Qué es lo que más te gustó de tu visita?
22 ¿Y lo que menos te gustó?

✘ Describe your stay (real or imaginary) in a Spanish family, by finishing the following sentences, using verbs from the list below:

el primer día | por la mañana, yo . . . . . .
| por la tarde, mi amigo/a y yo . . . . . .

al día siguiente, sus amigos/as y nosotros/as . . . . . .

los otros días, nosotros dos/nosotras dos . . . . . .

un día, sus padres . . . . . .

una tarde, su madre y yo . . . . . .

algunas noches, toda la familia y yo . . . . . .

una vez . . . . . .

un sábado, todos . . . . . .

un fin de semana . . . . . .

el último día . . . . . .

justo antes de salir . . . . . .

ordenar la ropa	llevar a un sitio
salir de paseo	ir | de excursión
dar una fiesta	de tapas
hacer la maleta	de compras
ir | al instituto	visitar
a un restaurante	despedirse
a una corrida	dejar (a alguien hacer algo)
a un museo	permitir

✘ The use of **por** and **para** is always the source of many problems. The following, by no means an exhaustive explanation, may help you to understand the difference between them:

por – for (because of, on behalf of, on account of):
La quiere por su dinero.
Lo haré por ti.

– through, by means of:
Está hablando por teléfono.
Lo supe por mi hermana.

– in expressions that denote exchanges:
Son cien pesetas por hora.

para – for (expressing use, purpose or destination):
Las zapatillas son para mi padre.
Saldré para Londres el lunes.

✘ Practise the use of **por** and **para** by filling the blanks in the following sentences as appropriate:

1 Lo dijeron ayer . . . . . . la radio.
2 El tren . . . . . . Sevilla acaba de salir.
3 Tengo que comprar un regalo . . . . . . mi madre.
4 Le dieron el premio . . . . . . su trabajo.
5 Voy a cambiar la falda . . . . . . unos pantalones.
6 ¿ . . . . . . quién te has enterado?
7 ¿ . . . . . . quién es el cenicero?
8 Teníamos que coger el autobús . . . . . . ir al instituto.
9 ¿Hay bastante . . . . . . todos?
10 Si no fuera . . . . . . mí, no llegarías nunca a tiempo.

◢ The following expressions will be useful to describe your reactions to things and people:

lo/la encontré | interesante
me pareció | precioso/a
| maravilloso/a
| encantador/a
| simpático/a
| aburrido/a
| feo/a
| horrible
| antipático/a

los/las encontré	agradables
	originales
	deliciosos/as
	buenos/as
	amables
	ricos/as
	espléndidos/as
	exquisitos/as
	graciosos/as
	desagradables
	malos/as
	crueles

20. Planes para el futuro

— ¿Qué vas a hacer ahora, Michael? ¿Continuarás estudiando?

— Ni pensarlo. No veo el momento de dejar el instituto. Quiero trabajar para ganar dinero y poder hacer lo que quiera.

— ¿Tienes ya trabajo?

— Todavía no. He escrito a varios sitios pero en ninguno había puestos vacantes. Todavía queda tiempo; no estoy preocupado.

— ¿En qué quieres trabajar?

— En cualquier cosa relacionada con la construcción, como peón o algo así. Es un trabajo duro pero está muy bien pagado.

— ¿No crees que quizá resulte difícil encontrar algo en tan poco tiempo? La situación está muy mal ahora, como sabes. Hay mucho paro.

— Sí, ya lo sé; pero no durará. Algo encontraré y si no, tendré que vivir del seguro de desempleo.

— ¿Y tú, Julie? ¿Qué piensas hacer?

— Me quedaré en el instituto dos años más. Quiero ir a la universidad, me apasionan los idiomas y mis profesores piensan que sería una lástima no seguir estudiando. Necesito tener tres *A levels*, es decir, tengo que aprobar tres asignaturas de un curso similar al C.O.U. español. Luego tendré que pasar tres o cuatro años en la universidad para sacarme la Licenciatura. Total, que los próximos cinco o seis años, me los pasaré estudiando. A veces pienso que se me va a hacer muy pesado, pero mis padres también me animan; dicen que al final encontraré un trabajo mejor con más facilidad. Todavía no sé exactamente qué quiero hacer, hay varias posibilidades; de momento, la enseñanza es lo que menos me apetece.

— Nick, ¿qué planes tienes tú?

— Me gustaría ponerme a trabajar, pero no inmediatamente. Probablemente haré algún cursillo corto de mecánica y luego trataré de encontrar algún puesto de aprendiz en un garaje. Eso tiene la ventaja de que te pagan, aunque no sea mucho, mientras sigues aprendiendo; luego, si todo va bien, continúas trabajando en el mismo sitio pero en puestos de más responsabilidad. El día de mañana, me gustaría tener mi garaje propio. Por otra parte, también me gusta mucho la música. Tres amigos míos y yo hemos formado un conjunto *pop* del que yo soy el cantante. Hemos actuado en el instituto un par de veces y en algunas funciones en el barrio también. En mi casa a veces me toman el pelo diciendo que me voy a hacer famoso y ya no necesitaré trabajar. Pues¡ estupendo! Nunca se sabe ¿verdad? Y de todas formas, siempre puedo cantar mientras trabajo.

? Y ahora contesta tú:

1 ¿Qué planes tienes para el futuro?
2 ¿Vas a cursar estudios superiores?
3 ¿Te quedarás en este colegio/instituto o irás a un colegio técnico/otro centro? ¿Por qué?
4 ¿Qué asignaturas estudiarás?
5 ¿Cuántas asignaturas se necesitan para ir a la universidad?
6 ¿Preferirías hacer un curso en la Universidad a Distancia?
7 ¿Qué quieres ser?
8 ¿Cuántos años tendrás que estar estudiando?
9 Si no piensas seguir estudiando ¿qué harás?
10 ¿Tienes que hacer un cursillo?
11 ¿Has intentado ya buscar trabajo?
12 ¿Lo has conseguido?

13 ¿Preferirías trabajar al aire libre o en un sitio cerrado?

14 ¿Te gustaría trabajar en el extranjero? ¿En qué país?

15 ¿Cuáles son las ventajas y los inconvenientes de trabajar en el extranjero?

16 ¿En qué quieres trabajar?

17 ¿Te gustaría trabajar en contacto con el público? ¿Por qué?

18 ¿Te importaría tener que trabajar de noche?

19 Si no puedes encontrar trabajo ¿qué harás?

20 Si no cobraras un sueldo ¿trabajarías?

21 ¿Y si fueras millonario/a?

22 ¿Crees que te casarás?

ser hacerme	médico ingeniero abogado enfermero/a

hacer un curso por correspondencia

hacer un cursillo de	Mecanografía Fontanería Decoración

hacerme	rico/a famoso/a

ganar la lotería
montar un negocio
dedicarme a la investigación
casarme

◼ The following expressions will help you to describe your hopes, likes and dislikes concerning your future:

espero quisiera me encantaría me gustaría no me importaría no me apetecería no me gustaría nada	

trabajar	al aire libre en una oficina/tienda/granja/fábrica en un hospital/banco/garaje

en contacto con	los niños los ancianos la gente

en algo relacionado con	los animales los idiomas las computadoras la enseñanza

como	dependiente/a electricista mecánico cartero

✗ Use any number of expressions from the list above to state:

1 your own hopes or wishes for the future.
2 your personal dislikes.
3 your parents' hopes or wishes for your future. (Use the models below as a guide.)

Mis padres	quieren esperan	que yo + *present subjunctive*

A mis padres les gustaría Mis padres querrían	que yo + *imperfect subjunctive*

✗ Pair up the following sentences:

Para ser intérprete	hay que estudiar Derecho.
Para trabajar con niños	se necesita ser honesto.
Para hacerse programador	hay que saber algún idioma.
Para ser azafata	hay que estudiar mucho.
Para trabajar de cajero	hay que tener buena voz.
Para llegar a ser abogado	es indispensable no tener miedo a los aviones.
Para ser locutor	hay que tener mucha paciencia.
Para ser médico	hace falta estudiar Informática.

The single picture

Section A

1. This section reviews the types of questions you are most likely to meet in the single picture test. Read through it and refer to it freely when attempting to answer any of the questions in the next section.

¿Quién? Who?

¿Quién está durmiendo?
—El matrimonio está durmiendo.
¿Quién llega en ese momento?
—Los jóvenes llegan en ese momento.
¿Quién prepara la comida?
—La madre la prepara.
¿Quién se da cuenta?
—Nadie se da cuenta.

¿A quién? Whom?

¿A quién llama?
—Llama a los bomberos.
¿A quién le da la comida?
—Le da la comida al niño pequeño.
¿A quién ve?
—No ve a nadie.

¿Para quién? For whom?

¿Para quién es el dinero?
—Es para el camarero.
¿Para quién son las zapatillas?
—Son para el padre.

¿Con quién? With whom?

¿Con quién está el joven?
—Está con sus amigos.

¿Con quién irá al baile?
—Irá con su novia.

¿De quién? Whose?

¿De quién es el billetero?
—Es del hombre | gordo.
             | que corre.
             | alto.

¿Qué? What?

¿Qué ha pasado aquí?
—Un jugador ha metido un gol.
¿Qué le pasa al hombre?
—Se ha hecho daño.
¿Qué hay en la pared?
—Hay un reloj y un calendario.
¿Qué hay en la mesa?
—Hay platos, vasos y una botella de vino.
¿Qué van a comprar?
—Van a comprar un libro.
¿Qué está gritando la mujer?
—Está gritando '¡Al ladrón!'
¿Qué le dice la niña a su padre?
—Le dice que quiere jugar.
¿Qué le ha dicho a la chica?
—Le ha dicho | que no llore.
           | que no tenga miedo.
           | que coma.

The verb **hacer** appears very often in questions. You will use it in your answer only when you need it to mean *to do* or *to make* or when the expression you have to use requires it:

¿Qué acaba de hacer el chico?
—Acaba de encontrar un monedero.
¿Qué van a hacer con el dinero?
—Van a comprar caramelos.
¿Qué está haciendo?
—Está haciendo | los deberes.
　　　　　　　 | las camas.
　　　　　　　 | un pastel.

¿Qué? Which?

¿Qué gato cogió el pescado?
—El más grande 　| lo cogió.
—El más pequeño |

¿Qué hombre ha robado el billetero?
—El de la derecha 　　| lo ha robado.
—El de la izquierda 　|
—El que está fumando |

¿Para qué? What for?

¿Para qué sirve una bandeja?
—Para llevar platos, tazas y otras cosas.
¿Para qué quiere el cuchillo?
—Para cortar la carne.

¿Por qué? Why?

¿Por qué está contenta la mujer?
—Porque ha encontrado a su perro.
¿Por qué lloraba la niña?
—Porque se había caído.
¿Por qué corre el joven?
—Porque quiere coger el autobús.
—Para coger el autobús.
¿Por qué ha venido el médico?
—Porque quiere ver al enfermo.
—Para ver al enfermo.

¿Cómo? How?

¿Cómo sube la escalera?
—La sube corriendo.
¿Cómo lo asusta?
—(Lo asusta) ladrando.
¿Cómo van?
—Van | en bicicleta/en moto.
　　　| en coche/en autobús.
　　　| a pie/a caballo.

¿Cómo sabes que es invierno?
—Por las ropas que llevan.
—Porque todos llevan abrigo.
¿Cómo sabes que está contenta?
—Porque está sonriendo.
¿Cómo sabes que van a comer?
—Porque está la mesa puesta.

¿Cómo? What . . . . . . like?

¿Cómo es la chica?
—Es alta y delgada. Lleva gafas.
¿Cómo es el perro?
—Es pequeño y blanco.
¿Cómo es el hombre de la derecha?
—Es bajo y gordo. Lleva una gabardina y un sombrero.
¿Cómo es la señora?
—Es bastante gorda y joven. Tiene una cesta en la mano izquierda.

¿Cuántos/cuántas? How many?

¿Cuántas personas hay en la tienda?
—Hay cinco personas.
¿Cuántos vehículos ves?
—Veo tres (vehículos).

¿Cuánto? How much?

¿Cuánto cuesta el vestido del escaparate?
—Cuesta cinco mil pesetas.
¿Cuánto tiene que pagar?
—Tiene que pagar doscientas pesetas.

¿Cuánto tiempo . . . . . . ? How long?

¿Cuánto tiempo tendrá que esperar?
—Tendrá que esperar media hora.
¿Cuánto (tiempo) tardan en venir?
—Tardan cinco minutos.
¿Cuánto falta para que salga el tren?
—Faltan diez minutos.

¿Dónde? Where?

¿Dónde está el gato?
—Está debajo de la mesa.
¿Dónde están los chicos?
—Están en la playa.
¿Dónde pone la compra?
—La pone en una cesta.

To locate people and things in a picture, the following expressions are useful:

en/sobre/encima de/debajo de/al lado de/junto a/delante de/detrás de/en el centro (de)/en medio (de)/dentro (de)/fuera (de)/lejos (de)/cerca (de)/entre . . . . . . y . . . . . ./a la derecha (de)/a la izquierda (de)/en la orilla (de)/en el borde (de)/en primer plano/al fondo.

¿Adónde? Where to?

¿Adónde irán cuando termine la fiesta?
—Irán a casa.

¿Cuál/cuáles? Which one/ones?

¿Cuál prefiere la chica?
—Prefiere el más grande.
¿Cuáles no le gustan?
—Los negros no le gustan.

¿Cuándo? When?

¿Cuándo empezó a ladrar el perro?
—Cuando vio al ladrón.
¿Cuándo hay que llamar al médico?
—Cuando alguien está enfermo.

¿Cuándo verá el chico la televisión?
—Cuando | acabe de hacer sus deberes.
         | le deje su padre.
         | se despierte su madre.

¿Qué hora es? What time is it?

¿Qué hora es?
—Es la una | y diez.
           | menos cuarto.
—Son las cuatro | y media.
                | en punto.

¿Qué día es? What day is it?

¿Qué día es?
—Es lunes.

¿A cuántos estamos? What date is it today?

¿A cuántos estamos?
—Estamos a (4 de enero).

¿Qué fecha es? What date is it?

¿Qué fecha es?
—Es el 18 de julio.

¿En qué estación? In which season?

¿En qué estación estamos?
—Estamos en verano.
¿En qué estación | pasa | esta escena?
                 | tiene lugar
                 | transcurre
—Pasa | en primavera.
—Tiene lugar |
—Transcurre |

¿Qué tiempo hace? What is the weather like?

¿Qué tiempo hace?
—Hace | buen tiempo.
       | mal tiempo.

—Hace | frío.
         | calor.
         | sol.
         | viento.

—Llueve/Está lloviendo.
—Nieva/Está nevando.
—Está nublado.
—Hay niebla.

Sometimes you are asked to give your opinion:

¿Qué crees que hará el padre?
—Creo que | se enfadará.
            | re reirá.
            | se pondrá furioso.

¿Piensas que estaba contenta?
—Pienso que no, porque estaba llorando.
¿Crees que tiene hambre?
—Creo que sí, porque está mirando la comida.

¿Qué quiere decir . . . . . . ?/¿Qué significa . . . . . . ?
What does . . . . . . mean?

¿Qué significa T.V.E.?
—Significa 'Televisión española'.

2. When you are asked to describe a scene, or something or someone in a scene, give as much information as you can: what they are doing, wearing, carrying, what they are like.
Remember you can also say:

a what they have just done:
acabar de + *infinitive*
Los enfermos **acaban de tomar** el té.

b what they are about to do:
estar a punto de + *infinitive*
El tren **está a punto de salir**.

c what they will do:
ir a + *infinitive*
future
La niña **va a nadar**.
Luego todos **se reirán**.

Section B

1.

1 ¿En qué estación ocurre esta escena?
2 ¿Qué tiempo hace?
3 ¿Cómo lo sabes?
4 ¿Qué va a hacer la niña de la derecha?
5 ¿Crees que sabe nadar?
6 ¿Con quién está la niña?
7 ¿Qué quieren las personas que están delante del quiosco?
8 ¿Se venden bebidas allí también?
9 ¿Qué cuesta cuarenta y cinco pesetas?
10 ¿Qué está haciendo la chica sentada a la izquierda?
11 ¿Por qué?
12 ¿Qué hay cerca de la chica?
13 Describe a la chica.
14 ¿Cuántos jóvenes se ven en el grupo detrás de la chica?
15 ¿Dónde comerán?
16 ¿Cómo sabemos que van a comer allí?
17 ¿Han traído algo para beber?
18 ¿Cómo vinieron a la playa?

19 ¿Cómo es el chico que está saliendo del agua?
20 ¿Qué acaba de hacer?
21 ¿Qué crees que hará ahora?
22 ¿Está contento el niño pequeño?
23 ¿Qué está haciendo?
24 ¿Por qué está llorando?
25 ¿Qué hace su madre?
26 ¿Qué le pasa al señor que está vestido?
27 ¿Puedes ver su zapato?
28 ¿Dónde está?
29 ¿Con qué juegan los dos niños al fondo del dibujo, a la derecha?
30 ¿Qué están haciendo?
31 ¿Qué tienen en el cubo?
32 ¿Qué está haciendo la señora que está con ellos?
33 ¿Crees que le gusta el sol?
34 En tu opinión ¿se ha bañado?
35 ¿Qué dice el cartel que hay en la playa?
36 ¿Crees que la gente obedecerá?

2.

1. ¿Dónde están estas personas?
2. ¿En qué país piensas que pasa esta escena?
3. ¿Por qué crees que pasa en Inglaterra?
4. ¿Cómo se llama la sala que vemos?
5. ¿Cuántas camas hay?
6. Describe la sala.
7. ¿Qué hora es?
8. ¿Qué les pasa a las personas que están en la cama?
9. Además de los enfermos ¿qué otras personas se ven?
10. ¿Cuántos médicos ves en la sala?
11. ¿Qué está haciendo?
12. ¿Qué significa lo que dice el letrero que hay en la cabecera de la primera cama?
13. ¿Qué hay en la mesilla de ese enfermo?
14. ¿Qué le pasa al enfermo de la segunda cama?
15. ¿Qué va a hacer?
16. ¿Qué tiene en la mano?
17. ¿Quién trae las medicinas?
18. ¿Cómo es el enfermero?
19. ¿Qué acaban de hacer los enfermos?
20. ¿Cómo sabemos que han tomado té?
21. ¿Por qué está enfadada la enfermera rubia?
22. ¿Qué crees que hará la enfermera?
23. Además de fumar ¿qué hace este enfermo?
24. ¿Qué hay alrededor de la última cama?
25. ¿Adónde piensas que va a ir el enfermo de esa cama?
26. ¿Por qué irá a casa?
27. ¿Qué le va a dar la enfermera?
28. ¿Dónde está el enfermo de la cuarta cama?
29. ¿Cuántos años tiene más o menos?
30. ¿Qué está haciendo?
31. ¿Por qué lo llama?
32. ¿Qué debería tomar?
33. ¿Por qué no está en la cama?
34. ¿De quién son las flores que se ven?
35. ¿Quién crees que las ha traído?
36. ¿Has estado alguna vez en un hospital?

3.

1 ¿Cuántas habitaciones se ven en el dibujo?
2 ¿Qué habitación está abajo, a la derecha?
3 ¿Dónde está la cocina?
4 ¿Qué muebles hay en el salón?
5 ¿Qué hay en la mesa?
6 ¿Hay flores en otro sitio?
7 ¿Qué celebraron ayer?
8 ¿Qué crees que le regalaron?
9 ¿Cuántas personas hay en el salón?
10 ¿Dónde está sentada la chica?
11 ¿Qué ha hecho antes de sentarse?
12 ¿Qué está haciendo ahora?
13 ¿Crees que es un programa divertido?
14 ¿Cómo sabes que es divertido?
15 ¿Dónde está la señora?
16 ¿Qué va a hacer?
17 ¿Por qué no parece contenta?
18 ¿Cuánto tiempo piensas que pasará planchando?
19 ¿Dónde está el gato?

20 ¿Con qué está jugando?
21 ¿Qué hora es?
22 ¿Qué habitaciones se ven arriba?
23 ¿A quién ves en el dormitorio de la derecha?
24 ¿Cuántos años crees que tienen más o menos?
25 ¿Crees que son hermanos?
26 ¿Cómo ha venido el amigo?
27 ¿Qué acaba de hacer el chico moreno?
28 Además de escuchar música ¿qué hacen?
29 Describe al chico que está sentado en la cama.
30 ¿Qué hay en un rincón?
31 ¿Crees que el chico hace algún deporte?
32 ¿Cómo lo sabes?
33 ¿Qué hace el hombre que está en el otro dormitorio?
34 En tu opinión ¿qué hará cuando termine?
35 ¿Crees que fuma?
36 ¿Qué se ve encima de la mesilla, además de la pipa?
37 ¿De quién son los libros, en tu opinión?

4.

1. ¿En qué estación del año pasa esta escena?
2. ¿Dónde están estas personas?
3. ¿Cuántos árboles hay en el jardín?
4. ¿Cómo sabemos que el árbol de la derecha es un frutal?
5. ¿Qué va a hacer la señora?
6. ¿Por qué necesita una escalera?
7. ¿Qué lleva en la mano?
8. ¿Dónde pondrá luego el cesto?
9. ¿Cuántos niños pequeños ves?
10. ¿Cuál de los dos es más alto?
11. ¿Cómo se divierten?
12. ¿Cómo sabes que hace calor?
13. ¿Qué acaba de hacer el chico?
14. ¿Qué hará ahora?
15. Describe al chico.
16. ¿Hay algún animal en el jardín?
17. ¿Qué hace el perro?
18. ¿Por qué ladra?
19. ¿Cómo es el gato?
20. ¿Por qué piensas que el gato está asustado?
21. ¿Quién está tomando el sol?
22. ¿Qué hace mientras toma el sol?
23. ¿Qué hay cerca de ella?
24. ¿Crees que la chica tiene hambre?
25. Además de los bocadillos ¿qué hay en la mesa?
26. ¿Cuántas personas han tomado té?
27. ¿Quién ha tomado Coca-Cola?
28. ¿Qué hay al fondo del jardín?
29. ¿Para qué sirve un garaje?
30. ¿Por qué está arreglando el coche el hombre?
31. ¿Está contento?
32. ¿Qué crees que preferiría hacer?
33. ¿Crees que esta escena pasa un lunes?
34. ¿Por qué?

5.

1. ¿Dónde están los jóvenes?
2. ¿Por qué han ido a la discoteca?
3. ¿Qué día es?
4. ¿A qué hora ha empezado el baile?
5. ¿Cuándo terminará?
6. ¿Quién está actuando?
7. ¿Cómo se llama el grupo?
8. ¿Cuántas personas hay en el grupo?
9. ¿Cómo es el chico que toca el piano?
10. ¿Cuántos años crees que tiene el cantante?
11. ¿Qué hace el chico que está detrás del cantante?
12. ¿Crees que a los jóvenes les gusta la música?
13. ¿Cómo lo sabes?
14. ¿Cuántas personas se ven en el bar?
15. ¿Dónde está el camarero?
16. ¿Con quién habla?
17. ¿Qué ha pedido el chico?
18. ¿Qué está haciendo la chica que está a su lado?
19. ¿Va a tomar algo la chica?
20. ¿Se pueden tomar bebidas alcohólicas?
21. ¿Cuánto cuesta una cerveza?
22. ¿Cuál es la bebida más cara?
23. ¿Qué dice el letrero en la pared del bar?
24. ¿Qué hora es?
25. ¿Falta mucho tiempo para que lo cierren?
26. ¿Qué hacen los jóvenes en la pista?
27. ¿Cómo lo están pasando?
28. ¿Por qué no bailan los jóvenes de la derecha?
29. ¿Qué harán cuando terminen de fumar?
30. ¿Quién acaba de entrar en la discoteca?
31. ¿A quién ha visto?
32. ¿Cómo sabemos que su novia está contenta?
33. ¿Dónde dejará el chico su abrigo?
34. ¿Cómo es la chica que está a cargo del guardarropa?
35. ¿Tiene mucho trabajo ahora?
36. ¿Qué está haciendo?

6.

1 ¿Dónde ocurre la escena del dibujo?
2 ¿Cómo se llama la estación?
3 ¿Qué van a hacer estas personas?
4 ¿Adónde van?
5 ¿A qué hora saldrá el tren?
6 ¿Cuánto tiempo falta para la salida?
7 ¿En qué andén está el tren?
8 ¿Qué se puede comprar en el estanco?
9 ¿Para qué sirve la consigna?
10 ¿Qué acaba de pedir la chica que está delante de la consigna?
11 ¿Por qué no hay nadie en la cantina?
12 ¿A qué hora se abre?
13 ¿Qué tiempo hace?
14 ¿Cómo lo sabes?
15 ¿Cómo es la señora de la derecha?
16 ¿Cómo es el perro?
17 ¿Quién lleva el equipaje de la señora?
18 ¿Por qué no lo lleva ella?
19 ¿Qué le ha pasado al chico de la izquierda?
20 ¿Con quién está hablando?
21 ¿Qué tendrá que hacer el chico?
22 Describe al revisor.
23 ¿Cuántas personas hay en el grupo del centro?
24 ¿Crees que es una familia o que son amigos?
25 ¿Qué están haciendo los niños?
26 ¿Qué hace la madre?
27 ¿Está contenta?
28 ¿Cuántos mozos hay delante del vagón de equipajes?
29 ¿Qué están haciendo?
30 ¿Por qué está la gente haciendo cola allí?
31 ¿Qué hace la chica que se asoma por la ventanilla?
32 ¿Qué crees que le dirán sus padres antes de salir el tren?
33 ¿Qué quiere decir el símbolo que se ve en algunas ventanillas?
34 ¿Se puede comer en el tren?
35 ¿Cómo sabemos que se puede comer allí?

7.

1 ¿Cuántas personas se ven en el dibujo?
2 ¿Dónde están?
3 ¿Cómo se llama el restaurante?
4 ¿Qué hora es?
5 ¿Por qué están los clientes en el restaurante?
6 ¿Quién está de pie?
7 ¿Qué lleva en la mano el camarero de la izquierda?
8 ¿Qué hay en la bandeja?
9 ¿Dónde dejará la bandeja?
10 ¿Quién ha terminado de comer?
11 ¿Cómo sabes que han terminado?
12 ¿Piensas que le dará una propina al camarero?
13 ¿Qué hacen las señoras?
14 ¿Qué harán después de pagar?
15 ¿A quién llama el señor de la mesa de la derecha?
16 ¿Por qué lo llama?
17 ¿Está sólo el señor?
18 ¿Cómo es la señora?
19 ¿Cuántas personas hay en la mesa del fondo?
20 ¿Han tomado vino?

21 ¿Qué van a hacer ahora?
22 ¿Qué va a tomar el niño de postre?
23 ¿Cómo lo sabes?
24 ¿Qué otros postres se ven en la bandeja?
25 ¿Qué acaba de hacer la chica joven?
26 ¿Qué hace el chico que está a su lado?
27 ¿Qué crees que tomarán los mayores después del postre?
28 ¿Adónde va la chica?
29 ¿Cómo sabes que va allí?
30 ¿Dónde estaba sentada la chica?
31 ¿Hay alguna mesa libre?
32 ¿Crees que se ocuparán más tarde?
33 Describe al camarero de la derecha.
34 Además del reloj ¿qué hay en la pared?
35 ¿Cuánto cuesta el menú del día?
36 ¿Cuántas personas están fumando?
37 ¿Dónde ponen la ceniza?
38 ¿Qué crees que hará el camarero cuando el cenicero esté lleno?

8.

1. ¿Dónde pasa esta escena?
2. ¿En qué época del año transcurre?
3. ¿Cómo sabemos que es verano?
4. ¿Qué hora es?
5. ¿Dónde están sentadas las personas a la izquierda?
6. ¿Cuántas personas se ven en la terraza de la cafetería?
7. En tu opinión ¿es una familia?
8. ¿Qué van a hacer?
9. ¿Quién lleva una bandeja?
10. Describe al camarero.
11. ¿Qué hay al lado de la cafetería?
12. ¿Cómo se llama?
13. ¿Qué ponen hoy?
14. ¿A qué hora empezará la película?
15. ¿Qué acaba de hacer el chico que está delante de Correos?
16. En tu opinión ¿cuántos años tiene el chico?
17. ¿Qué se puede hacer en Correos?
18. ¿Dónde se encuentra la cabina de teléfonos?
19. ¿Por qué está esperando la chica?
20. ¿Quién ha salido del banco?
21. ¿Qué han hecho?
22. ¿Qué crees que harán con el dinero?
23. ¿Cómo se irán de allí?
24. ¿Por qué se han parado los coches?
25. ¿Cuántas personas quieren cruzar?
26. ¿Cuántos niños van con la señora joven?
27. ¿Cuántos años crees que tienen aproximadamente?
28. ¿Qué ha comprado el niño?
29. ¿Dónde las ha comprado?
30. ¿A quién piensas que se las regalará?
31. ¿Qué hace la gente que está en la parada del autobús?
32. ¿Por qué crees que ahora estarán todos contentos?
33. ¿Qué autobús estaban esperando?
34. ¿Qué cosas comprarías en una farmacia?
35. ¿Crees que hay alguien en la farmacia?
36. ¿Por qué piensas que no hay nadie?

Picture stories for narration in the past tense

Section **A**

The hints and exercises in this section will help you to gain confidence in the handling of this test by training you to make best use of your Spanish. Not all the points made here will be relevant to every story or situation, but reading them carefully and completing all the exercises in order will develop your fluency and exam technique.

1. You will most likely be asked to tell the story in the past tense. It is therefore extremely important to know the imperfect, imperfect continuous, and preterite tenses, especially the third person singular and plural.

   Regular verb endings

	Imperfect	Imperf.Cont.		Preterite
-ar	-aba	estaba		-ó
	-aban	estaban	-ando	-aron
-er	-ía	estaba		-ió
-ir	-ían	estaban	-iendo	-ieron

   Remember that reflexive verbs must be used with the forms:
   me, te, se, nos, os, se, e.g.

   Se puso el abrigo.
   Me levanté temprano.

   Irregular verbs don't all have the same irregular endings. A list of the most common ones is given on pages 103–107.

2. Most Boards allow preparation time for this task. Don't spend it trying to work out complicated sentences in English and then translating them into Spanish. Try and simplify your ideas and, once you know what to say,

think in Spanish. For instance:

1. He looked for his dog in vain.
   – He could not find his dog.
   – No pudo encontrar el perro.
2. It was more than he could afford.
   – He did not have enough money.
   – No tenía bastante dinero.
3. Their car overturned.
   – They had an accident.
   – Tuvieron un accidente.
4. The boy burst out crying.
   – The boy started to cry.
   – El niño empezó a llorar.
5. She was scared out of her wits.
   – She was extremely frightened.
   – Estaba muy asustada (asustadísima).

X Find simple ways of expressing the following ideas in Spanish:

1. It was pouring down.
2. He gulped his tea.
3. She was completely confused.
4. She couldn't stand the sight of him.
5. She gave a mighty scream.
6. They didn't fancy the ride.
7. It was a rotten day.
8. He blew his top.
9. They had a terrific day.
10. He couldn't keep up with their pace.
11. When they were told, they were astonished.
12. They had run out of petrol.

3. If at all possible, try and set the scene in the first picture: *when* and *where* it happened; *who* the characters were, and *what* they were doing:

a The following phrases will be useful to set the time:

un día	de verano	muy temprano
una tarde	de primavera	después de comer
una noche	de invierno	a la(s) . . . . . . (time)
	de otoño	

| una mañana | soleada | de agosto |
| | muy fría | de enero |

el verano pasado
el año pasado

b The phrases that follow may help you to say where the story started:

en un pueblo pequeño	de	Madrid
en una calle		Valencia
		Albacete

en un instituto		Jaén
en un café/restaurante		Barcelona
en una oficina	en	Oviedo
en una estación		
en un hospital		

en su casa

| en una playa | española |
| en una ciudad | inglesa |

c Introduce the characters, giving them ficticious names or status:

un(os) chico(s)/dos chicos, Juan y Pablo . . .
una(s) chica(s)/dos chicas, Marisa y Elena . . .
un(os) niño(s)
una(s) niña(s)
unos jóvenes
unos amigos

| un hombre | joven | el señor Martínez . . . |
| una mujer | ya mayor | la señora Gómez . . . |

un grupo de chicos
una familia/la familia Hernández

una pareja
un matrimonio/el señor y la señora Fernández

| un granjero | (and any other words |
| un hombre de negocios | describing jobs or professions) |

If it is relevant or if you like doing so, you could describe the characters:

uno de los chicos	era	alto/a
la señora Fernández		bajo/a
Juan		gordo/a
el señor Martínez		delgado/a
		feo/a
		guapo/a
		rubio/a
		moreno/a

llevaba	unos pantalones
	un vestido corto
	una falda y una camiseta
	un abrigo
	una gabardina

tenía	una cesta	en la mano	derecha
llevaba	un bolso		izquierda
	un paraguas		
	una cartera		
	un paquete		
	unas flores		

d You may want to say where the characters were at the beginning of the story and/or what they were doing:

1 Un día de verano una chica joven, estaba en su oficina en Madrid.
2 Un día de verano, en una oficina en Madrid, una chica joven estaba escribiendo a máquina.
3 Un día de verano, en Madrid, una chica joven, que llamaremos Julia, estaba escribiendo a máquina en su oficina.

As you can see, the amount of detail, and the order you give it in, depends very much on you.

Here are a couple of examples involving **a**, **b**, **c**, and **d**.

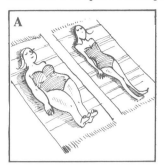

Un día de verano, en una playa española, dos amigas, Rita y Juana, estaban tomando el sol. Rita era morena y delgada; Juana era rubia y un poco gorda.

Una mañana soleada de invierno, en un pueblo pequeño, la señora de Jiménez estaba en el mercado haciendo la compra. La señora de Jiménez era bastante joven y muy guapa; llevaba abrigo y tenía una cesta en la mano.

X Look at the following pictures and try to provide openings for the stories they would introduce:

On certain occasions, it may be desirable to start the story by saying what someone decided to do. You would then use **decidir** in the preterite tense followed by an infinitive:

1 El sábado pasado Pedro decidió ir a la playa.
2 El verano pasado, el señor y la señora Smith decidieron pasar sus vacaciones en España.

4. If the weather is relevant, describe it. You would do so in the imperfect tense if it was part of the scene setting:

hacía | buen tiempo
      | mal tiempo

hacía | sol
      | calor
      | frío
      | viento

llovía/estaba lloviendo
nevaba/estaba nevando

había niebla
estaba nublado

If, later on in the story, a change in the weather plays an important part, say so using the preterite tense:

de repente	se puso a llover
	empezó a nevar
	el tiempo cambió

al cabo de un rato	salió el sol
diez minutos después	el cielo se aclaró
luego	el cielo se nubló
	paró de llover
	dejó de nevar
	se desencadenó una tormenta
	se levantó un viento terrible

5. The actions that take place in a story may be presented in different ways. You have to make sure that you use the correct tense to describe them, and this will depend largely on whether the action to be described sets the scene for something else to happen or whether it is the actual happening.

a If the action you are describing serves as a background to another, use the imperfect tense for the first one and the preterite for the second:

Estaba esperando el autobús cuando, de repente, empezó a llover.
La casa estaba en silencio; de repente se oyó una explosión.

X Practise this by linking the following pairs of phrases (you can think of **él**, **ella**, **ellos** or **ellas** as the subject):

leer en el cuarto de estar	sonar el teléfono
trabajar en la oficina	encontrarse mal
aprender a esquiar	romperse una pierna
salir del cine	ver a un amigo
dormir	oír un ruido
ver la televisión	irse la luz
cruzar la calle	caerse
llevar una bandeja	tropezar con una silla

| correr por la calle | chocar con una señora |
| hacer la comida | llamar a la puerta |

b When two actions are going on at the same time but they both serve as the background for an incident, use the imperfect tense to describe both:

María veía la televisión y su madre leía una novela.
Cantaba mientras limpiaba.

X In the following pictures, all the actions taking place will form the background of a story. Describe what the people were doing.

c If the actions in the story are single actions, incidents that happened within a scene, if they don't give us any background information, use the preterite tense to introduce them.

They may be isolated actions:

Salió a la calle.

Simultaneous actions:

María recibió un regalo pero Juan no recibió nada.

Or they may happen in a sequence:

Se sentó en una butaca y empezó a leer.

X Describe the following pictures; the actions here occurred simultaneously.

X Now describe the next four pictures; the actions here were not simultaneous.

Remember that whenever possible, instead of using two preterites, it is better to use one of the following constructions:

después de | + *infinitive* | + *preterite*
antes de
al

preterite | para | + *infinitive*
| sin |

Cuando terminó de comer, pidió la cuenta.
– Después de comer pidió la cuenta.
Vio el fuego e inmediatamente empezó a gritar.
– Al ver el fuego empezó a gritar.
Miró a la señora pero no la reconoció.
– Miró a la señora sin reconocerla.

X Practise these structures by changing the following sentences in a similar way:

1 Se bañó y luego se vistió.
2 Comió y después se echó una siesta.
3 No vio el camión y cruzó la calle.
4 Vio al profesor e inmediatamente escondió los cigarrillos.
5 Fue a la estación de servicio y cargó gasolina.
6 Sacó dinero del banco y compró una televisión.
7 Cerró la puerta con llave y un poco después se acostó.
8 No dijo nada pero a los cinco minutos se fue.

6. To indicate progression when describing a series of actions or incidents, the following expressions are useful:

luego
después
un poco más tarde
en seguida
inmediatamente
al cabo de un rato

| cinco minutos | más tarde |
| una hora | |

a mitad de camino
de repente
cuando
tan pronto como
por fin

7. Try and use adverbs or adverbial phrases whenever possible; don't just say what happened:

desgraciadamente (para) . . . . . .
por desgracia (para) . . . . . .
afortunadamente (para) . . . . . .
rápidamente
por casualidad
sin saber cómo
menos mal que
además

8. The following are often important turning points in stories; study the sentences suggested to deal with them.

a The noticing of a situation:

| la chica | se dio cuenta de | lo que pasaba |
| | vio | |

| la chica | se dio cuenta de | que Manolo se estaba |
| | vio | ahogando |

oyó un ruido

vio al ladrón

b Someone remembering or forgetting something:

se olvidó de coger la llave

| recordó | que tenía que llamar por teléfono |
| se acordó de | |

c Someone making a mistake:

se equivocó de	autobús
	número
	piso

9. The following verbs are useful to show a character's reaction to an incident:

ponserse contento/a
ponerse furioso/a
alegrarse
enfadarse
asustarse
sorprenderse

ponerse a	gritar
empezar a	correr
	llorar
	reír

| sentirse | ridículo/a |
| | avergonzado/a |

estar arrepentido/a
arrepentirse

Use some of these verbs to describe the reactions of the people in the following pictures:

10. When you want to say *how* something was done, remember that the present participle can be used in this sense with an adverbial character:

El perro ladró y asustó al toro.
– El perro asustó al toro ladrando.
Cuando la vio, estaba bailando.
– La vió bailando.

This is especially important when applied to verbs of motion:

subió/bajó la escalera corriendo
vino llorando
llegó jadeando
iba saltando

11. If you have to say what *had* happened or what someone *had* done before something else took place, you will need to use the pluperfect tense:

había(n) + *past participle*

X Practice it by changing the infinitive phrases in brackets in the following sentences into the pluperfect tense:

(Él trabajar mucho ese día) y estaba cansado.
– Él había trabajado mucho ese día y estaba cansado.
He had worked very hard that day and he was tired.

1 Cuando llegó la policía (los ladrones ya marcharse).
2 El señor Martínez estaba furioso porque (perder el avión).
3 (Él ya comprar el disco) pero lo cogió y le dio las gracias.
4 (Ellos llegar muy tarde) y no quedaban entradas.
5 (Cerrarse la puerta) y no podían salir.
6 (Ellos comer mucho) y ahora estaban enfermos.
7 (Llover mucho) y la carretera estaba cortada.
8 (Ellos perder la pelota) y no podían seguir jugando.
9 (Ella oír un ruido) pero no se atrevía a bajar.
10 (Ellos perder el último tren) y tuvieron que volver a pie.

12. Sometimes, when narrating a story, you have to say what the characters actually said, asked, etc. You can do this in one of two ways. The first one is to use their actual words – direct speech. Although this is permitted in a small amount, it is much better to use the second way available – indirect speech.

Direct speech
El chico le dijo a su madre: '¡Qué horror! ¡Odio el pescado!'
'¿A qué hora salimos?' – preguntó el secretario.

Indirect speech
El chico le dijo a su madre **que** odiaba el pescado.
El secretario preguntó **que** a qué hora salían.

Remember that if **venir** is used in the original speech, you will probably have to use **ir** instead in the indirect speech.

Indirect statements
The following changes will be necessary:

yo
tú $\Big|$ → él/ella

nosotros/as
vosotros/as $\Big|$ → ellos/as

present tense → imperfect tense
preterite tense → pluperfect tense
future tense → conditional tense

'No quiero ir' – dijo el chico.
El chico dijo que (él) no quería ir.
'Mi madre no está en casa' – explicó Elena.
Elena explicó que su madre no estaba en casa.

Do remember that if the subjunctive mood is used in the original speech, you will also have to use it in the indirect speech, making the same changes in the tenses explained above:

'Mi padre prefiere que **estudie** en casa' – contestó Javier.
Javier contestó que su padre prefería que (él) **estudiara** en casa.

Indirect questions
The same rules apply here:

'¿Por qué lloras, niña?' – le preguntó José.
José le preguntó a la niña que por qué lloraba.
'¿Oíste un ruido?' – le preguntó doña Alicia a su marido.
Doña Alicia le preguntó a su marido que si había oído un ruido.
Please note that **le** is used here for emphasis.

Indirect command
Indirect commands require a change from the imperative mood in the original speech to the subjunctive mood:

'¡Abra la maleta!' – le ordenó el aduanero a don Pedro.

El aduanero le ordenó a don Pedro que abriera la maleta.
'¡No seas tonta!' – le dijo Maribel.
Maribel le dijo que no fuera tonta.

Finally remember when putting direct speech into indirect speech that the following changes must be made:

ayer → el día anterior
mañana → el día siguiente
hoy → $\Big|$ ese mismo día
aquel día

esta mañana → esa mañana

ayer $\Big|$ por la mañana → la mañana anterior
por la tarde → la tarde anterior

anoche → la noche anterior

X Put the following into indirect speech according to the models set out in the various examples given:

1 '¿Dónde está la carne?' – le preguntó doña Elvira a su hija.
2 '¡Déme todo el dinero!' – le exigió el ladrón al cajero.
3 'Llegué anoche' – contestó Marisa.
4 '¿Cuándo vendréis?' – les preguntó David a sus amigos.
5 'El último tren salió hace media hora' – dijo el taquillero.
6 'Mañana iré a la playa' – pensó Juan.
7 '¡Venga Vd. aquí!' – le ordenó el profesor al alumno.
8 'Jamás volveré' – prometió Juan.

13. The following sentences illustrate ways of finishing stories:

Juan estaba muy contento ahora.
Elisa había pasado un día estupendo.
La señora le dio las gracias a Pablo.
Llegaron a casa sanos y salvos.

Al final, todo $\Big|$ se arregló.
se solucionó.
terminó bien.

Todos estaban | tristes.
                | cansados.
                | contentos.
                | de mal humor.

Prometió no volver allí otra vez.
¡Qué día!
¡Qué suerte!
¡Pobre David!
¡Qué mala suerte!

14. Finally, a few points to remember:

a Some verbs can be followed by another verb which is, nearly always, in the infinitive. Many of them can be followed by an infinitive with no preposition in between. Others need to have a preposition before the infinitive.

Verbs that need no preposition. These are some of the most common ones:

deber	must
decidir	to decide
desear	to wish
esperar	to hope, to expect
encantar	to like (very much)
gustar	to like
necesitar	to need
permitir	to allow
preferir	to prefer
poder	can, may, to be able
querer	to want
saber	to know
tener que	to have to

Verbs that need **de** before the infinitive. These are some of the most common ones:

acabar de	to have just
cansarse de	to be tired of
dejar de	to stop, to give up
terminar de	to finish
tratar de	to try
tener ganas de	to feel like
estar a punto de	to be about to

Verbs that need **a** before the infinitive. These are some of the most common ones:

aprender a	to learn
enseñar a	to teach
empezar a	to start
ir a	to go
ponerse a	to start
venir a	to come

The verbs **continuar** and **seguir** *must* be followed by a present participle:

Siguió gritando.

b Remember the difference between:

sentarse	estar sentado
levantarse	estar de pie
arrodillarse	estar de rodillas
apoyarse	estar apoyado

c Remember the main uses of **ser** and **estar**. **Ser** is used to describe a permanent state or quality, something which is in the nature of things or people. You would also use it with colours, nationality, professions, dates, time, and seasons. **Estar** usually describes a temporary state or quality. You would also use it for places.
Notice the difference of meaning between:

ser listo/estar listo
ser malo/estar malo

X Fill in the blanks with the imperfect tense, third person singular or plural of **ser** or **estar** as appropriate:

1. El autobús . . . . . . lleno.
2. El hombre . . . . . . enfermo.
3. . . . . . . un día frío de invierno.
4. Los chicos . . . . . . jóvenes pero . . . . . . cansados.
5. El profesor siempre . . . . . . de buen humor.
6. El . . . . . . médico pero aquel día . . . . . . de vacaciones.
7. . . . . . . tan gorda que no la reconoció.
8. . . . . . . muy inteligente.
9. . . . . . . un castillo precioso.
10. Se . . . . . . bien allí.

Section **B**

1. Vacaciones en España

a pasar las vacaciones
llegar al aeropuerto
bajar del avión
llevar

b darse cuenta de . . . . . .
estar preocupado/a/os/as

c hablar
explicar
decir
perder

d venir
encontrar
estar contento/a/os/as
señalar (con el dedo)

e abrir
estar sorprendido/a/os/as

f reírse
equivocarse de maleta

2. En la playa

a ir a la playa
llevar

b estar sentado/a/os/as
hablar
beber

c bañarse
leer

d mirar
darse cuenta de . . . . . .
estar en apuros

e nadar
ayudar
ahogarse

f sacar
estar contento/a/os/as
dar | las gracias
| dinero

3. La quiniela

a repartir los boletos
hacer mal tiempo
llevar

b rellenar │ la quiniela
hacer │
tener frío
estar sentado/a/os/as

c ver la televisión
comprobar los resultados
estar nervioso/a/os/as

d acertar
saltar de alegría
imaginar cómo . . . . . .

e ir a
servir

f dormir
sonar el despertador
estar soñando
ser un sueño

4. Un marido hacendoso

a volver | a casa
  regresar |
  hacer unas compras
  llevar

b estar sentado/a/os/as
  leer
  abrir el paquete
  sacar un cuadro

c pedir
  colgar
  seguir | leyendo
  continuar |

d insistir
  subirse a una silla
  ponerse a clavar un clavo
  estar contento/a/os/as

e hacer un agujero
  estar sorprendido/a/os/as

f ponerse a llorar
  no saber qué hacer
  dar

5. Vacaciones en la nieve

a estar de vacaciones
pasar las vacaciones en la nieve
enseñar
saber
esquiar

b no querer
tener miedo

c presumir
demostrar

d caerse
hacerse daño
no poder moverse
sentirse ridículo
empezar a reírse
ponerse a

e llevarse a . . . . . . | en una camilla
en una ambulancia
al hospital

f visitar
estar en la cama
tener . . . . . . roto/a/os/as
regalar
llevar un regalo

6. Una fiesta

7. Un robo sin suerte

8. Un picnic desastroso

10. Un error afortunado

Role-play

Section A

Role-play cards set out instructions for you to follow. In some cases, they also tell you the reaction you can expect from the examiner; in others, they leave the situation open so that you have to react, as you go, to new developments introduced by the examiner in his/her playing of the other 'character'.

The role-playing situations in this section have been set out under different topics. Make sure you understand the dialogues, and then try and learn them so that you can act them out with a 'partner'. When you feel confident, make your own dialogues with the help of the English instructions.

You will find the phrases given under each topic very helpful. By learning and practising them, you should be able to cope with most situations as you can adapt the phrases to suit the occasion.

Preliminary advice

1. When preparing to act out a situation, try and keep your sentences simple: a correct straightforward sentence is much better than an incorrect complicated one:

    If you want to find out how long it will be before the shops open, you could just say: '¿Cuándo abrirán las tiendas?
    ¿A qué hora abren las tiendas?'

2. Although the use of the familiar forms in Spain is now much more common than it used to be, you will be expected to be able to use either the familiar or the formal forms, or both, during your examination.

    a When addressing *one* young person (verb endings: 2nd person singular), use:
    tú; **te**; **a tí**; **para tí**; **tu**; **contigo**

    b When addressing *more than one* young person (verb endings: 2nd person plural), use:
    vosotros/as; **os**; **vuestro/a/os/as**

    c When addressing *one* adult (verb endings: 3rd person singular), use:
    Vd.; **lo/la**; **le**; **su/s**

    d When addressing *more than one* adult (verb endings: 3rd person plural), use:
    Vds.; **los/las**; **les**; **su/s**

    In general, we could say that if you addressed someone by his/her Christian name, you would use the familiar forms; otherwise, you would use the formal forms. Do remember that, more often than not, the subject pronouns (**tú, vosotros/as, Vd., Vds.**) are omitted.

3. When using the formal forms especially, it is important to address people and take leave of them correctly:

    Buenos días/Buenas tardes/Buenas noches
    Perdone . . . . . .
    Por favor . . . . . .
    Muchas gracias
    Adiós

X Change the following sentences into the alternative formal or familiar forms:

1. ¿Hace mucho tiempo que vives aquí?
2. ¿Dónde está vuestro coche?
3. Me gustaría invitarte a una fiesta.
4. ¿Conoces la comida inglesa?
5. He comprado esto para Vds.
6. Es Vd. muy amable.
7. Te escribiré en cuanto llegue.
8. ¿Habéis visto la película?

Section B

1. De viaje

The following phrases will be useful:

¿A cuántos kilómetros está Ávila?	How far is it to Ávila?
¿Adónde va Vd.?	Where are you going?
¿Hay sitio para mi amigo?	Is there room for my friend?
¿Le importa que abra la ventanilla?	Do you mind if I open the window?
He perdido el tren.	I have missed my train.
¿Cuánto falta para el próximo tren?	How long till the next train?
¿A qué hora llega?	At what time does it arrive?
¿Viene con retraso?	Is it running late?
¿Hay que hacer transbordo?	Does one have to change?
¿Cuánto es?	How much is it?
¿Dónde está la consigna?	Where is the Left Luggage Office?
¿Es éste el tren para Madrid?	Is this the train for Madrid?
¿Cuánto tiempo para?	How long does it stop?
Quiero hablar con el revisor.	I want to speak to the ticket inspector.
¿Qué autobús va al aeropuerto?	Which bus goes to the airport?
Avíseme cuando lleguemos a Alarcón, por favor.	Please let me know when we arrive in Alarcón.
Quisiera un billete de primera/segunda clase.	I would like a first/second class ticket.

A *You are cycling through Andalucía when one of your tyres bursts. You can't repair it so you decide to hitch-hike to Córdoba to buy a new one. A man in a car stops.*

— Buenos días. ¿Va Vd. a Córdoba?
— Sí, allí voy; si quiere Vd., puedo llevarle.
— Muchas gracias. ¿Dónde quiere Vd. que me siente?
— Puede sentarse delante, pero póngase el cinturón, por favor.

— ¿Podría Vd. dejarme delante de la iglesia?
— Sí, ¡cómo no!, donde Vd. quiera.
— Muchísimas gracias.

B *You are hitch-hiking. A car stops.*

— Buenos días. ¿Va Vd. a Valencia?
— No, lo siento. Voy a Cuenca.
— ¿Está en la carretera de Valencia?
— Pues . . . sí pero para Cuenca hay que coger una desviación. Si quiere, le puedo llevar hasta allí.
— ¡Estupendo! ¿Dónde puedo poner las maletas, por favor?
— Un momento. Abriré el maletero.
— Muchísimas gracias.

> You have missed the bus into town and you have a train to catch. You try to hitch a lift. A lady (the examiner) stops.

a Ask her if she is going to town. (She isn't.)

b Say you will wait (for another car). Another driver (the examiner) stops and she is going to town.

c Ask her if she has room for your friend. (She says there is room for both of you.)

d Ask her where you should put your cases. (She answers that she'll open the boot.)

e Ask her if she can drop you off at the railway station.

C *You are going to spend a few days with friends in Murcia.*

— Buenos días. ¿Cuánto cuesta un billete de ida y vuelta a Murcia?
— Cinco mil seiscientas pesetas.
— ¿Hay un tren directo?
— No, tiene Vd. que cambiar en Teruel.
— Vale. ¿Hay billete para hoy?
— Sí, aquí lo tiene.

In the train, you see a seat.

— Perdone, ¿está libre este asiento?

D *You want to go to Toledo by train.*

— Buenos días. Dos billetes sencillos para Toledo.

— Aquí tiene. Son mil quinientas pesetas.
— ¿A qué hora sale el tren, por favor?
— A las diez y media.
— ¿Hay algún otro tren más temprano?
— No, lo siento.
— Gracias. ¿De qué andén sale?

E *You want to travel from Madrid to San Sebastián by train.*

— Buenas tardes. Quisiera reservar un billete para San Sebastián.
— ¿Para cuándo lo quiere Vd.?
— Para el tres de agosto, si es posible.
— ¿Prefiere Vd. viajar de día o de noche?
— Preferiría viajar de noche. ¿Hay coche-cama?
— Pues sí.
— Entonces, quisiera un compartimento individual. ¿Cuánto es?
— Son cuatro mil pesetas. El tren sale de la estación de Chamartín a las diez y media de la noche.
— Aquí tiene. Muchas gracias.

> You are on holiday in Madrid. You decide to spend a day at El Escorial and you speak to the ticket office clerk (the examiner).

a   Ask for a return ticket to El Escorial. (He asks you which class you want.)

b   Say you want second class. (He tells you it is 850 pesetas.)

c   As you pay, ask how long it is until the next train. (He tells you five minutes.)

d   Ask from which platform it will leave. (He answers from platform No. 13.)

> You want to go to Salou by coach. At the coach station you speak to the ticket office clerk (the examiner).

a   Ask where the coach for Salou leaves from. (He tells you from platform No. 3; the coach leaves in 20 minutes.)

b   Ask for a ticket. (He says it is 250 pesetas). On the coach, speak to the driver (the examiner).

c   Ask him if he will tell you when you get to Salou. (He tells you not to worry: he will do so.)

d   Ask him at what time you can get a coach back. (He tells you that there is one every half hour, on the hour and at half past each hour.)

F *You want to fly from Madrid to Bilbao. You go to a travel agency.*

— Buenas tardes. Quisiera reservar un asiento en un avión para Bilbao.
— Muy bien. ¿Para qué día?
— Para el martes que viene. ¿Hay algún vuelo hacia el mediodía?
— Hay uno a las doce y media.
— Estupendo. ¿Cuánto es?
— ¿Quiere Vd. un billete sencillo o de ida y vuelta?
— De ida y vuelta, por favor.
— Son catorce mil setecientas pesetas. El autobús sale de la terminal (aérea) a las once y media.
— Gracias.

> You are in Madrid and receive a telegram telling you to return home at once. You speak to a clerk at the travel agent's (the examiner).

a   Tell him/her you would like to reserve a seat on a plane to London. (He/She wants to know when for.)

b   Say you would like to leave this afternoon. (He/She says that is all right.)

c   Ask at what time the coach leaves the air terminal. (It leaves at 1.30 p.m. The plane leaves at 3.00 p.m.)

d   Say you would like a single ticket. (It will be 29000 pesetas.)

e   Ask him/her if they'll take traveller's cheques. (He/She tells you they do.)

2. En un garaje; en la estación de servicio

The following phrases will be useful:

¿Hay una estación de servicio (un garaje) por aquí cerca?	Is there a petrol station (a garage) nearby?
Lléneme el depósito, por favor.	Fill the tank, please.
Diez litros de 'normal' por favor.	Ten litres of two star, please.
¿Podría comprobar la presión de los neumáticos?	Could you check the tyre pressure?
¿Venden repuestos?	Do you sell spares?
¿Tienen piezas de recambio para un Ford?	Do you have spares for a Ford?
¿Reparan pinchazos?	Do you repair punctures?
Mi coche está averiado.	My car has broken down.
¿Dónde está el taller de la SEAT?	Where is the SEAT garage?
¿Es ésta la carretera principal?	Is this the main road?
Necesito un mecánico.	I need a mechanic.
Me he quedado sin gasolina.	I've run out of petrol.
El motor se calienta mucho.	The engine overheats.
No arranca.	It won't start.
Estoy en la carretera nacional II.	I am on the N-II road.

A *You are going from Santander to Granada and you have a puncture. This is the second one and therefore you cannot use the spare tyre. You stop a car.*

— Buenas tardes. Llevo la rueda de repuesto pinchada y acabo de tener otro pinchazo. ¿Me podría remolcar hasta un garaje?
— Lo siento muchísimo pero llevo el coche muy cargado y no me atrevo. Si quiere, puedo parar en un garaje y pedir que le manden una grúa.
— ¿A cuántos kilómetros está el garaje más cercano?
— Creo que hay uno a unos treinta kilómetros.
— Vale, gracias. Esperaré dentro del coche.
— De acuerdo. No se preocupe, les diré que se den prisa.

B *You have gone to Toledo by car and it has not been working properly. You take it to a garage.*

— Buenas tardes. ¿Podrían revisarme el coche? No va bien.
— ¿Qué le pasa?
— Pues no sé, pero pega muchos tirones.
— Vale. En seguida lo miramos.
— ¿Cuándo estará listo?
— Eso depende. Si no es nada serio, pronto. Pero si es importante y necesita alguna pieza, aquí no tenemos repuestos. Hay que pedirlos a Madrid y pueden tardar una semana.
— Espero que no sea serio. Y ¿cuánto costará?
— También depende. Venga mañana por la mañana y le daré un presupuesto.
— De acuerdo y muchas gracias. Hasta mañana.

> Your car has broken down. You hope it is not serious and ring a garage. You speak to a mechanic (the examiner).

a Say your car has broken down and ask if they can send a mechanic. (He wants to know where you are.)

b Explain that you are on the main road from Madrid to Soria, between Medinaceli and Almazán. (He asks you what make of car you have.)

c Say it is an English Ford and ask if they'll be long. (He tells you that someone will be there shortly.)

C *Going from Murcia to Alicante you stop at a petrol station to get some petrol.*

— Buenos días. Póngame veinte litros de 'super', por favor.
— Muy bien.
— ¿Me podría comprobar el aceite, por favor?
— Por supuesto . . . Está un poco bajo.
— ¿Qué precio tiene el litro?
— Cien pesetas.
— Pues déme una lata de un litro y eche lo que necesite. ¿Venden Vds. mapas de carreteras también?
— Sí, sí, dentro.
— Vale. Muchas gracias.

D *You are in Spain with your family. You want to rent a car.*

— Buenos días. Quisiera alquilar un coche. ¿Qué precios tienen?
— Depende del coche. El SEAT 600 es el más barato, dos mil quinientas pesetas por semana.
— ¿Cuánto es el SEAT 131?
— Mil pesetas por día, más cinco pesetas por kilómetro.
— Quisiera tenerlo una semana.
— Muy bien. No hay problema.
— Estupendo. ¿Tengo que rellenar algún papel?

> You are going from Madrid to Valencia by car.
> You need some petrol. The pump attendant (the
> examiner) speaks to you. (He asks what sort of
> petrol you want.)

a Say you want the best grade. (He asks you if he should fill the tank.)

b Say you only want 2000 pesetas worth. (He asks you if you need oil or water.)

c Tell him you don't know and ask him to check. (He says you are all right.)

d Ask him to check the tyre pressure.

3. En un hotel/en un camping

The following phrases will be useful:

¿Hay un hotel cerca de aquí?	Is there a hotel nearby?
¿Tienen algo más barato?	Do you have anything cheaper?
Me la(s) quedo.	I'll take it (them).
¿Me da la llave, por favor?	Could I have the key, please?
¿Hay agua caliente en las habitaciones?	Is there any hot water in the rooms?
¿Alquilan sacos de dormir/tiendas?	Do you hire out sleeping bags/tents?
¿Qué servicios ofrecen?	What facilities do you offer?
¿Podría despertarme a las siete, por favor?	Could you wake me at seven, please?
El aseo no funciona.	The toilet is not working.
No hay toallas.	There aren't any towels.
¿Pueden subirme el desayuno a la habitación?	Could I have breakfast in my room?
¿A qué hora es la comida?	At what time is lunch?
¿Cuánto es con pensión completa?	How much is full board?
¿Cuánto es a media pensión?	How much is half board?
¿Me prepara la cuenta, por favor?	Could you prepare my bill, please?
Deme el Libro de Reclamaciones, por favor.	Let me have the Complaints Book, please.

A *After walking all day, you arrive at a camp-site.*

— Buenas tardes. ¿Hay sitio para dos tiendas, para esta noche?
— Sí, sí, hay sitio. Las pueden levantar allí, junto a aquellos árboles.
— Estupendo, gracias. Y ¿cuánto es por noche, por cada tienda?
— Son doscientas pesetas por cada una.
— De acuerdo. ¿Podría decirme dónde está el agua, por favor?
— Sí, mire. Hay tres fuentes. Una está al lado de los servicios; hay otra delante de la cafetería y la tercera está muy cerca de Vds., a la izquierda.
— Muchas gracias. Y los basureros ¿dónde están, por favor?

B *You are looking for the youth hostel.*

— Perdone, señora. ¿Podría decirme dónde está el albergue juvenil?
— Ha tenido Vd. suerte. Yo soy la encargada.
— ¿Queda sitio para esta noche?
— Sí, todavía queda algo. ¿Quería acampar?
— Pues no. Preferiría una cama para esta noche.
— De acuerdo. Puede Vd. quedarse en una habitación de cuatro camas. Venga conmigo, regresaré con Vd. al albergue. Tiene que llenar una ficha.
— ¿Puedo cenar allí esta noche?
— Sí, sí, desde luego. Hoy tenemos huevos con

mayonesa, carne y flan.

— Estupendo. Gracias.

You have been walking all day in Andalucía. In the evening you come to a camp-site and speak to the person in charge (the examiner).

---

a   Say hello to the warden and ask him if there is any room left. (It depends: is it for a caravan or a tent?)

b   Say it is for a tent. (He offers you three sites.)

c   Choose the one under the trees. (He wants to know for how many people.)

d   Say you are alone. (He asks you for how long.)

e   Say it is for three or four nights, maybe more.

At the youth hostel you ask someone to direct you to the person in charge (the examiner).

---

a   Ask where the warden is. (She is in her office.)

b   Ask the warden if there is one bed free for tonight. (Yes, there is.)

c   Ask where you can park your bike. (She tells you where the bicycle sheds are.)

d   Find out if you can buy food there. (You can buy bread, ham, cheese, eggs . . .)

e   Ask her how much it costs per week.

🕐 C   *You go into a hotel to book a room.*

— Buenas noches. ¿Tienen habitaciones libres?

— No, lo siento mucho pero estamos en plena temporada.

— ¡Vaya! ¿Podría decirme si hay otro hotel por aquí cerca?

— Pues sí. El Hotel Praga está a unos cincuenta metros. Puedo llamar por teléfono, si quiere, a ver si les queda sitio.

— Muchísimas gracias.

— Mire, les queda una habitación individual con ducha y teléfono. Son ochocientas cincuenta pesetas. ¿Le interesa?

— Sí, sí. Dígales que me la reserven, por favor.

🕐 D   *You are on a motoring holiday in Spain with your parents and arrive at the hotel where you have booked a room.*

— Buenas noches. Tenemos dos habitaciones reservadas para hoy.

— Muy bien. ¿A qué nombre?

— Paul Cannon.

— Sí, aquí está, señor Cannon. Una habitación doble y otra individual: números 34 y 35. ¿Es sólo para esta noche o se van a quedar más tiempo?

— Todavía no lo sabemos . . . Mañana se lo diré.

— De acuerdo. ¿Puede rellenar esta ficha, por favor?

— Por supuesto . . . Aquí tiene.

— ¿Tienen equipaje?

— Sí, tenemos dos maletas.

🕐 E   *You go into a hotel to book two rooms.*

— Buenos días. Quisiera reservar dos habitaciones dobles con dos camas individuales, para dos noches.

— Muy bien. ¿Las quiere con baño o con ducha?

— Una con baño; la otra, con ducha.

— De acuerdo.

— ¿Cuánto es por habitación, por noche?

— Son mil trescientas por la que tiene baño y setecientas cincuenta por la otra.

— ¿Está incluido el desayuno?

— No, no está incluido.

— De acuerdo. Muchas gracias. ¿Me da las llaves, por favor?

You have just booked your room in a hotel in Spain. You cannot find the lift and you ask the receptionist (the examiner).

---

a   Ask her where the lift is. (She tells you there are two, both next to the cafeteria, but the one on the right is not working.)

b   Thank her . . . Once in your room, you realize that there is no soap . . . You phone the reception desk.

c   Tell the receptionist that the soap and towels are missing and that the toilet is not working. (She tells you she is sorry.)

4. En un restaurante o cafetería

The following phrases will be useful:

Una mesa para dos personas, por favor.	A table for two, please.
¿Me trae la carta, por favor?	Could I see the menu, please?
Quisiera un filete bien hecho, con patatas fritas y guisantes.	I would like a steak, well done, with chips and peas.
Mi filete está poco hecho.	My steak is not well done.
Quisiera una cerveza/una naranjada/un zumo de limón.	I would like a beer/an orangeade/a lemon juice.
Tráigame un café solo/un café con leche.	Bring me a black coffee/a white coffee.
Voy a tomar gazpacho/sopa/albóndigas.	I am going to have a cold soup/soup/meatballs.
Quisiera melocotón en almíbar/fresas con nata/tarta de manzana/fruta.	I would like the peach melba/strawberries and cream/apple tart/fruit.
¿Podría traerme más pan, por favor?	Could you bring me more bread, please?
¿Tienen teléfono público?	Do you have a public telephone?
No, gracias, no quiero nada más.	No, thank you, I don't want anything else.

A *To save time and money, you decide to have a snack lunch in a café.*

— Buenos días. ¿Qué desea?
— Buenos días. ¿Tienen platos combinados?
— Pues no, pero tenemos bocadillos . . . Hay de foie-gras, jamón, chorizo, queso . . .
— Vale. Tráigame un bocadillo de jamón, por favor.
— ¿Quiere algo de beber?
— Una cerveza, por favor.
— Son 210 pesetas.
— Muchas gracias. (You give her 225 pesetas.) Quédese con la vuelta.
— Gracias.

B *You need to go to a lavatory but cannot find any public conveniences. You go into a café.*

— Buenos días. Un zumo de naranja, por favor.
— Muy bien.
— ¿Dónde están los servicios, por favor?
— Al fondo, a la derecha.
— Gracias. ¿Qué le debo?
— Son sesenta pesetas.
— Aquí tiene. Muchas gracias.

You have arranged to meet a friend in a café. You arrive early. The waiter (the examiner) comes to your table.

---

a Ask him to bring you a black coffee. He brings you the coffee but forgets the sugar and spoon.

b Call the waiter and ask for sugar and a spoon. (He apologizes.) Your friend arrives.

c Ask for a white coffee and two chocolate ice-creams.

C *It is your birthday. You invite three friends to dinner in a restaurant.*

— Buenas tardes. ¿Cuántos son Vds.?
— Cuatro. ¿Hay alguna mesa libre cerca de la ventana?
— Sí, pasen por aquí.
  Five minutes later . . .
— ¿Han elegido ya?
— Sí, vamos a tomar el menú del día. De primero, tráiganos los entremeses, dos, y dos ensaladas mixtas.
— Muy bien. ¿Y después?
— Dos de pollo al ajillo y dos de lomo. Y una botella de agua mineral, por favor.
— ¿Que van a tomar de postre?
— Helado para todos.
  At the end of the meal . . .
— ¿Nos trae la cuenta, por favor?
— Aquí tiene Vd.

D *You and your friend go into a bar for a drink.*

— Buenos días, señores. ¿Qué desean Vds.?
— Buenos días. Dos vasos de vino tinto, por favor. Y ¿qué

tienen de tapas?
— Pues hay calamares, tortilla, gambas, aceitunas, sepia . . .
— Una ración de calamares, una de tortilla y dos de
  aceitunas.
— Muy bien.
— ¿Cuánto es, por favor?
— Son cuatrocientas treinta pesetas.
— Aquí tiene cuatrocientas cincuenta pesetas. ¡Quédese
  con el cambio!
— Gracias.

You and a friend are having dinner on the terrace
of a restaurant. You look at the menu. The waiter
(the examiner) comes over to you.

---

a   When the waiter asks you if you are ready to order,
    say you want the tourist menu. (He asks you what
    you want to start off with.)

b   Ask for hors d'oeuvres for both of you. (He wants to
    know what you want afterwards.)

c   Order lamb chops with chips and peas. (He asks you
    if you want anything to drink.)

d   Ask for still mineral water. Tell him that for dessert
    you want a crème-caramel and an ice-cream.

e   Ask for the bill.

5. ¿Por dónde se va?

The following phrases will also be useful:

Perdone ¿hay una Oficina de Turismo por aquí cerca?	Excuse me, is there a Tourist Office nearby?
¿Podría decirme dónde está la farmacia/la parada de autobús más cercano/a?	Could you please tell me where is the nearest chemist/bus stop?
¿Se puede ir en metro/en autobús?	Can I get there by tube/bus?
¿A qué hora sale el último autobús/tren?	When is the last bus/train?
¿Tengo que cambiar?	Do I have to change?
Cambie en Sol/Opera.	Change at Sol/Opera.

Coja la tercera/la cuarta calle a la izquierda.	Take the third/the fourth on your left.
Cruce la calle/el Paseo/la Avenida.	Cross to the other side of the street/lane/avenue.
¿Podría repetírmelo, por favor?	Could you repeat it, please?

A *You arrive in Valencia, by train. No one is waiting for you and you have no cash with you. You decide to walk to your friend's place.*

— Perdone, señor. ¿Cómo se va a la calle Cirilo Amorós?
— Pues, salga de la estación y doble a la derecha. Siga todo
  derecho y, al final, doble a la izquierda. Siga todo
  derecho otra vez; luego tome la segunda a la derecha y la
  primera calle que cruza es la calle Cirilo Amorós.
— Se sale de aquí, se dobla a la derecha y se sigue todo
  derecho. Al final se dobla a la izquierda. Se sigue todo
  derecho, se toma la segunda a la derecha y la primera
  calle que cruza es Cirilo Amorós.
— Eso es.
— ¿Está muy lejos?
— Está a unos quince minutos, andando deprisa.

B *You are looking for the Atocha station in Madrid. You ask a lady the way.*

— Perdone, señora. ¿Para ir a la estación de Atocha?
— Oh, está muy lejos.
— ¿Hay autobuses?
— Pues . . . no sé. Puede coger el metro.
— ¿Hay una estación de metro cerca de aquí?
— Sí, allí mismo, a unos cincuenta metros. ¿La ve?
— Ah, sí! Ya la veo. Muchas gracias, señora.

You are looking for the Tourist Office. You ask a
man (the examiner) the way.

---

a   Ask him if there is a Tourist Office nearby. (He tells
    you there is one in Maldonado street.)

b   Ask him how to get to that street. (He tells you to go
    straight on and then take the second street on the
    right; the first street running across it, is Maldonado
    street.)

c Ask him to repeat the instructions. (He does.)

d Thank him.

C *You get on the bus to go to the Plaza Mayor in Madrid.*

— Perdone, señora. ¿Falta mucho para llegar a la Plaza Mayor?

— ¿A la Plaza Mayor? Este autobús no va allí. Se ha equivocado Vd. de número.

— ¿Qué tengo que hacer?

— Baje en la próxima parada. Cruce la calle y coja el autobús número 9 que le dejará en la Plaza Mayor.

— Muchísimas gracias.

D *On realizing you have lost your passport, you stop a passer-by to ask her the way to the British Consulate.*

— Perdone, señora. ¿Podría decirme dónde se encuentra el Consulado Británico?

— ¿El Consulado Británico? Lo siento, no lo sé. ¿Por qué no pregunta a un guardia?

— Muchas gracias.

Talking to a policeman . . .

— ¿El Consulado Británico, por favor?

— Está en la calle Fernando el Santo. ¡Está muy lejos!

— ¿Se puede ir en metro?

— Pues, sí . . .Tiene que coger la línea 3 a Moncloa y cambiar en Argüelles. Allí coja la línea 4 a Esperanza y baje en Alonso Martínez. Desde allí puede Vd. ir caminando.

— Muchas gracias. Creo que cogeré un taxi.

> You want to go to the Palacio Real in Madrid. You ask a passer-by (the examiner) how to get there.

a Ask him how to get to the Royal Palace. (He tells you it is quite far and then tells you to take bus number 3 to Sol and change there.)

b Ask him what bus to take then. (He tells you bus number 53.)

c Thank him.

6. Los espectáculos

The following phrases will be useful:

Quisiera una entrada para la sesión de tarde/de noche.	I would like a ticket for the evening/late evening session.
¿Cuánto cuestan las butacas de patio/de club, por favor?	How much are seats in the stalls/in the circle, please?
Me gustaría estar cerca de la pantalla/del escenario.	I would like to be near the screen/the stage.
¿A qué hora empieza la sesión/la función?	At what time does the session/the show start?
¿Hay que hacer mucha cola?	Will I have to queue up for long?
¿Qué ponen?	What's on?
¿Es en versión original o está doblada?	Is it with the original soundtrack or dubbed?
¿Es en color o en blanco y negro?	Is it in colour or black and white?
Es una película buena/mala.	It is a good/bad film.
¿Qué te ha parecido la película?	What did you think of the film?
La he encontrado muy triste/divertida/aburrida/interesante.	I found it very sad/funny/boring/interesting.
Es muy antigua.	It is very old.
¿Cuánto dura el descanso?	How long is the intermission?
¿Se puede fumar?	Is smoking allowed?
Es una obra clásica/moderna.	It is a classical/modern play.
¿Están incluídas las consumiciones?	Are drinks included?
Soy 'hincha' del Real Madrid.	I am a Real Madrid supporter.
Mi equipo ha ganado/perdido/empatado.	My team has won/lost/drawn.

A *You go to the cinema with a friend.*

— Dos entradas, por favor.

— ¿Butacas de patio o platea?

— De patio, por favor.

— Aquí tiene. Son seiscientas pesetas.
— Tome. ¿Podría darme parte del cambio en moneda pequeña? No tengo nada para el acomodador.
— Aquí tiene.
— ¿Ha empezado ya la película?
— No, empezará dentro de cinco minutos.

B *You are in Madrid and you decide to go to a football match to see Real Madrid play.*

— ¿Quedan localidades para el partido de hoy?
— Sí. ¿De tribuna o de general?
— Una de tribuna, por favor.
— Son quinientas pesetas.
— Gracias. Aquí tiene. ¿A qué hora empieza el partido?
— A las nueve de la noche.
— Muchas gracias.

You go to the cinema with a friend. You speak to the person in the ticket office (the examiner).

---

a   Ask if the film is in colour. (She says it is in black and white.)

b   Ask for two seats in the balcony. (She gives you two tickets and tells you it's 400 pesetas.)

c   Pay and ask her if the performance has started. (She says it is about to start.) You go in.
At the end of the film . . .

d   Ask your friend what he thought of the film.

C *You are in Spain. The Rolling Stones are giving a concert tomorrow and you've just found out. You go to the ticket office.*

— Buenas tardes. Quisiera una entrada para el concierto de mañana.
— Lo siento, señor. No quedan entradas.
— ¡Qué lástima! Tenía mucho interés en ver a los Rolling Stones.
— Lo único que le puedo decir es que venga mañana un poco antes de que empiece el concierto. A lo mejor tiene Vd. suerte y devuelven alguna entrada.
— Muchas gracias, eso haré. Adiós.

D *Before you return to England you want to go to a bullfight.*

— Buenos días. Quisiera una entrada para la corrida del domingo que viene.
— ¿Sol o sombra?
— ¿Qué precios tienen?
— Quinientas pesetas las de sol; mil las de sombra.
— Son muy caras pero la prefiero de sombra.
— Muy bien. Aquí tiene. Son mil pesetas.
— Gracias. ¿A qué hora empieza la corrida?
— A las cinco en punto.
— Muchas gracias.

You have met a girl and you have invited her to a disco with you. You speak to the ticket office clerk (the examiner).

---

a   Ask for two tickets. (He hands them over and tells you it is 1200 pesetas.)

b   Ask if drinks are included in the price. (He says the price of the first drink only is included in the ticket.)

c   Ask at what time it finishes. (He tells you it finishes at 10 p.m. It starts again at 11 p.m. and goes on till 3 a.m.)

d   Thank him.

It is your birthday and you invite your friend to the theatre. You address the ticket office clerk (the examiner).

---

a   Ask for two seats in the stalls. (She tells you there are none left and asks you if you want them in the circle.)

b   Tell her that you will take them if they are not on the side. (She says they are not and tells you they are 1100 pesetas.)

c   Ask her at what time the show starts. (She says at 7.30 p.m.)

d   Thank her.

7. En correos; al teléfono

The following phrases will be useful:

¿Cuánto cuesta enviar una carta a Inglaterra?	How much is it to send a letter to England?
Quisiera un sello para postal para Inglaterra.	I would like a stamp for a postcard to England.
Quisiera enviar una carta urgente.	I would like to send an express letter.
La línea está ocupada.	The line is engaged.
No contestan.	There is no answer.
¿Qué cabina, señorita?	Which booth, please?
¿Podría Vd. cambiarme este billete en monedas?	Could you give me some change, please?
Diga/Dígame.	Hello!
¿Está Marisa?	Could I speak to Marisa?
¿Puedo dejar un recado?	Could I leave a message?
¿Puede decirle que me llame, por favor?	Could you ask her/him to ring me back, please?
¿De parte de quién?	Who is calling?
Se ha equivocado (de número).	You've got the wrong number.

A *You are in Spain; you want to send a telegram home to say you have arrived safely.*

— Buenos días. ¿Para ir a Correos, por favor?
— Siga por esta calle y al final, a la derecha, encontrará la Oficina de Correos.
— Muchas gracias.

At the Post Office . . .

— Buenos días. Quisiera enviar un telegrama a Inglaterra.
— Muy bien. Coja un formulario y rellénelo.
— Aquí tiene. ¿Cuánto es, por favor?
— Un momento . . . Doce palabras, son . . . trescientas pesetas.
— Muchas gracias. ¿Cuándo llegará?
— Estará allí dentro de dos horas.

B *It is your brother's birthday. You would like to send him a present so you go to the Post Office to enquire.*

— Buenas tardes. Quisiera mandar un paquete a Inglaterra.

— Muy bien. ¿Tiene Vd. el paquete?
— No. Todavía no lo he preparado. Quisiera saber cómo tengo que envolverlo.
— ¡Ah! pues utilice papel fuerte, átelo con un cordel por si tienen que abrirlo en la Aduana y tiene Vd. que rellenar una Etiqueta verde también para la Aduana. Luego ponga el nombre y la dirección claramente, en dos sitios.
— De acuerdo. ¿Cuánto costará?
— Depende del peso. Cuando lo tenga, tráigalo y se lo diré. Me imagino que no querrá mandarlo por avión porque es mucho más caro.
— ¿Cuánto tardará si no lo mando por avión?
— De una a dos semanas.
— Muy bien. Luego lo traeré. Gracias.

While going for a walk, you see a Post Office and decide to go in to buy some stamps. You speak to the clerk (the examiner).

---

a Ask how much it is to send a postcard to England. (He tells you it is 23 pesetas.)

b Ask how much it is for a letter. (He says that is 38 pesetas.)

c Ask for three 38 pesetas stamps and five 23 pesetas ones.

You want to send a letter to England but you want it to arrive urgently so you have to go to the Post Office. You speak to a clerk (the examiner).

---

a Say you want to send an express letter to England. (He says it is 142 pesetas.)

b Ask when it will arrive. (He says probably tomorrow; the day after at the latest.)

c Thank the clerk.

C *After a day out, you go back home to find a note from the Post Office saying there is a parcel there for you.*

— Buenos días. Vengo a recoger un paquete.
— ¿A qué nombre?

— Jane Brewer. Aquí tiene Vd. la nota.
— ¿Tiene Vd. algún documento de identidad?
— Aquí está mi pasaporte.
— Muy bien. Firme Vd. aquí, por favor. Aquí tiene el paquete.

D *You go to the telephone exchange to phone your parents in England.*

— Buenas tardes, señorita. Quisiera poner una conferencia a Manchester.
— Muy bien. ¿Qué número?
— Es el (061) 273 0123.
— Un momento . . . Mire, señorita, el número de Manchester está comunicando.
— Bueno ¿podría Vd. intentar otra vez dentro de cinco minutos?
— De acuerdo.

> You are staying in Spain. You want to phone home as it is your mother's birthday. You go to the nearest telephone exchange and speak to the telephonist (the examiner).

a Greet her and tell her you would like to make a long distance call to London. (She wants to know the number.)

b Tell her it is (01) 491 0234. (She tells you to wait a moment and then asks you to go to booth number 3.) When you finish talking . . .

c Ask her how much it is.

> You've met a girl and you want to ask her out. You phone her and her mother (the examiner) answers the phone.

a Ask if you could speak to Marisa. (She tells you she is out and asks who is calling.)

b Tell her your name and ask her to tell Marisa to ring you when she comes back. (She says she will tell her.)

c Thank her.

8. En la oficina de objetos perdidos

The following phrases will be useful:

¿Dónde está la Comisaría más cercana, por favor?	Could you tell me where the nearest Police Station is, please?
He perdido mis cheques de viajero.	I've lost my traveller's cheques.
Me han robado el dinero.	They've stolen my money.
Me he dejado un paquete en el mostrador.	I've left a parcel on the counter.
Creo que lo/la/los/las he perdido en la calle.	I think I've lost it/them in the street.
He perdido un reloj/un collar/una pulsera de mucho valor.	I've lost a very valuable watch/necklace/bracelet.
Es de oro/de plata/de plástico.	It is gold/silver/plastic.
Es de piel/negro/rojo.	It is leather/black/red.
Es corriente.	It is ordinary looking.
He perdido una cadena de oro/un monedero/un billetero/el bolso.	I've lost a gold chain/a purse/a wallet/a handbag.
Me han quitado la maleta.	They've stolen my suitcase.
He encontrado un anillo/un billetero.	I've found a ring/a wallet.

A *On your return home after an outing, you realize you've lost your camera. You go out again and ask a policeman.*

— ¿La Oficina de Objetos Perdidos, por favor?
— Está en la calle Hernán Cortés; queda un poco lejos. Coja el autobús número 10 que la dejará delante mismo.
— Muchas gracias.

At the Lost Property Office . . .

— Buenas tardes. He perdido mi máquina de fotos.
— ¿Sabe Vd. dónde la ha perdido?
— No estoy segura. He estado en el Retiro y me la he debido dejar en un banco del parque.
— ¿De qué marca es?
— Es una Kodak Instamatic. Tiene un carrete de 24 fotos y deben quedar unas diez en el carrete.

— Un momento . . . No, lo siento. No tenemos ninguna de esa descripción. Deje su nombre, dirección y teléfono y detalles de la máquina. Si nos la traen, la llamaremos.
— De acuerdo. Muchísimas gracias.

B *You have lost a gold ring your parents had given you as a present. You go to the Lost Property Office.*

— Buenos días. He perdido un anillo y pienso que quizá alguien lo haya encontrado y lo haya traido aquí. Es de bastante valor.
— ¿Cómo es el anillo?
— Es de oro y tiene una perla. Tiene mis iniciales dentro: JP.
— ¿Cuándo lo perdió Vd. y dónde?
— Lo perdí ayer. Estoy casi segura que lo perdí en la calle Mayor, en la parada del autobús. Me quité los guantes para preparar el dinero y debió salirse con el guante.
— Un momento . . . ¿Es éste, señorita?
— Sí, ése es. No sabe cuánto me alegro.
— Ha tenido Vd. mucha suerte. No suelen traer aquí muchas cosas de valor. Hay poca gente honrada.
— Muchas gracias. En adelante, trataré de tener más cuidado.

> After doing some shopping, you go to the cinema. When you come out you notice you don't have your umbrella. You go back in to ask the usherette (the examiner).

a Tell her you think you have left your umbrella on your seat. (She wants to know where you were sitting.)

b Say you were sitting towards the middle, on the right hand side. (After looking, she tells you it is not there. She asks you if you are sure you left it there.)

c Tell her you are not. You may have left it in a shop. (She then tells you to go to the shop and if you can't find it there, to go to the Lost Property Office.)

d Thank her.

C *You are in Spain as an* au pair. *You take the little boy you are looking after for a walk and unfortunately, you lose him. You stop a policeman.*

— Perdone. ¿Podría Vd. ayudarme?
— ¿Qué le pasa, señorita?
— Se me ha perdido el niño que estaba cuidando. No sé cómo ha sido. Estaba aquí ahora mismo y ahora no lo veo por ningún lado. ¡Qué horror! No sé qué hacer.
— Cálmese, señorita. Mientras yo lo busco por aquí, vaya Vd. a la Comisaría a dar los detalles. Estoy seguro de que lo encontraremos sano y salvo.

At the Police Station . . .

— Buenas tardes. Vengo a dar parte de un niño perdido.
— ¿Dónde se ha perdido?
— En el Parque de la Almudena.
— ¿Podría Vd. describirlo?
— Se llama Juan Rubio. Tiene 6 años. Es moreno, tiene el pelo rizado y los ojos negros. Lleva unos pantalones cortos azules y un jersey blanco. Lleva calcetines blancos y sandalias azules.
— Vale. No se preocupe. Ahora mismo circulamos los detalles.

D *While shopping one day, you realize that your passport is missing. You stop a policewoman.*

— Perdone ¿dónde se encuentra la Oficina de Objetos Perdidos?
— ¿Qué ha perdido Vd.?
— El pasaporte.
— En ese caso, es mejor que vaya Vd. a su Consulado o Embajada. ¿Qué nacionalidad tiene?
— Soy inglés.
— Entonces vaya al Consulado Británico. Si alguien lo encuentra y lo lleva a la Oficina de Objetos Perdidos o a una Comisaría, ellos lo notificarán al Consulado también.
— Muchas gracias.

> You arrive at Madrid airport. Your friend was supposed to be waiting for you but you can't see her. After a while you go to the Information desk and talk to the assistant (the examiner).

a Explain that you have just arrived from London and

cannot find the person that was supposed to be waiting for you. (He asks you how long you have been waiting.)

b   Tell him that about 20 minutes. (He asks you if you would like them to put a call out for your friend.)

c   Say you would be happy if they would do so. (He asks you your name as well as your friend's.)

9. De compras

The following phrases will be useful:

¿Tiene(n) Vd(s) . . . . . . ?	Have you got . . . . . . ?
Quisiera un vestido de verano.	I'd like a summer dress.
Quisiera algo para mi madre.	I'd like something for my mother.
No quería gastar tanto.	I didn't want to spend that much.
Es demasiado caro.	It is too expensive.
Es demasiado grande/ pequeño/corto/largo.	It is too big/small/short/ long.
¿Me puede enseñar otro?	Could you show me another one?
Me gusta uno que hay en el escaparate.	I like the one in the window.
Prefiero/Me gusta más . . .	I prefer . . . . . .
¿Qué número calza Vd.?	What size shoes do you take?
Me hacen daño.	They hurt me.
Lo pensaré.	I'll think about it.
¿Puedo probármelo/la?	Can I try it on?
¿Me los/las puedo probar?	Can I try them on?
¿Lo tiene en azul?	Have you got it in blue?
¿Aceptan cheques de viaje?	Do you accept traveller's cheques?
Si son pequeños ¿los puedo cambiar?	If they are small, can I change them?
Quisiera cambiar esta falda.	I'd like to change this skirt.
Quisiera devolver estos pantalones.	I want to return these trousers.

A *At the grocer's they ask you what you want.*

— Quisiera medio kilo de patatas, por favor.
— Aquí tiene. ¿Algo más?
— Sí, también quisiera doscientos gramos de mantequilla y una docena de huevos.
— Muy bien. ¿Es todo?
— No, una botella pequeña de vino tinto, por favor.
— ¿Alguna cosa más?
— No, gracias, nada más. ¿Qué le debo?

B *You go into a department store to buy a present for your friend's mother.*

— Buenos días. ¿La sección de artículos de regalo, por favor?
— Segundo piso. El ascensor no funciona pero aquí mismo tiene la escalera mecánica.

At the counter . . .

— Buenos días, señorita. Quisiera un regalo para una señora . . . Algún detalle para la casa.
— Muy bien. Tenemos figuritas de porcelana, jarritas, ceniceros de cerámica . . . ¿Cuánto quiere gastar aproximadamente?
— Unas mil pesetas.
— Pues mire, estos ceniceros son muy bonitos y además son útiles. ¿Qué le parecen?
— Sí, son bonitos y están bien de precio. Si no le gusta ¿lo puede cambiar?
— Por supuesto. Guarde el recibo.
— De acuerdo. Entonces, me quedo éste. ¿Me lo envuelve para regalo, por favor?

> You want to buy something for your mother. First you talk to a passer-by (the examiner) and then to two different assistants (both of them the examiner).

a   Ask the passer-by if there is a department store nearby. (He says there is one in the second street on the right.)
In the department store . . .

b   Ask an assistant where the handbag counter is. (She

says it is on that floor, at the back.)

c At the counter, ask for a black leather handbag and say it is for your mother. (The assistant shows you some and asks your opinion.)

d Say they are expensive. You want to spend about 1500 pesetas. (She suggests you buy her a purse and shows you some.)

e Say you like one of them: it is nice and inexpensive. Ask her to wrap it up.

> You go to the grocer's and speak to one of the assistants (the examiner).

a Say you would like a big tin of sardines. (He asks you if you want anything else.)

b Say you would like a bottle of fizzy mineral water. (He asks you if that is all.)

c Ask for a kilo of oranges and tell him that will be all. Ask him how much it comes to.

C *You go to 'El Corte Inglés' in Madrid.*

— Perdone, señorita. ¿Podría decirme dónde está el departamento de discos, por favor?
— Está en el tercer piso, señor. Puede subir en el ascensor.
— Muchas gracias.

In the records department . . .

— ¿Tienen algún disco de Julio Iglesias, por favor?
— Sí, señor. Están todos allí, en la 'I'.
— Me interesa éste, señorita. ¿Podría escucharlo?
— Por supuesto, señor. Coja los auriculares.
— Me lo quedo. ¿Cuánto es, por favor?

D *You go shopping one day. You want to buy some jeans.*

— Buenas tardes. ¿Qué desea?
— Buenas tardes. Quería unos vaqueros.
— Muy bien. ¿Qué talla?
— La 40 o la 42; no estoy segura.
— Aquí tiene dos pares. Pruébeselos.

Five minutes later . . .

— Mire, señorita. Éstos me están un poco estrechos. Los otros me están muy bien. Me los quedo.
— Talla 42. De acuerdo. ¿Quiere pagar en Caja, por favor?

> You want to buy a pair of shoes in a department store.

a Ask an assistant (the examiner) where the shoe department is. (She says it is on the first floor.) In the shoe department another assistant (the examiner) comes over to you.

b Ask for a pair of brown shoes. (She asks you your size.)

c Say you take size 36. (She shows you some pairs and asks you to try them on.)

d Say which ones you prefer and say they are very comfortable. Ask the price. (They are 3750 pesetas.)

e Say you will take them. Ask her where to pay.

10. Tú y tus nuevas amistades

The following phrases will be useful:

¿Cómo está Vd.?/¿Cómo están Vds.?	How are you?
Buenos días/Buenas tardes/ Buenas noches.	Good morning/afternoon/ evening.
Hasta luego/Hasta mañana/ Hasta la vista.	See you later/tomorrow/ soon.
Vivo en el norte/en el sur de Inglaterra.	I live in the north/south of England.
No tengo hermanos.	I have no brothers (sisters).
¿Trabajan tus padres?	Do your parents work?
Es la primera/segunda vez que vengo a España.	It is my first/second visit to Spain.

A *You arrive in Spain. You see your friend and her mother waiting for you at the airport so you approach them.*

— Perdone, señora. Soy Julie Pears, la amiga inglesa de Pili. Usted es la señora de González ¿no?
— ¡Hola, Julie! Sí, yo soy la madre de Pili.
— ¡Encantada, señora! ¡Hola, Pili!

— ¡Hola, Julie! ¿Qué tal? ¿Has tenido buen viaje?
— Muy bueno, gracias.
— Vamos, hija; Julie debe estar cansada. Mi marido está fuera, en el coche: no ha podido aparcarlo. Vamos, Julie.
— Gracias.

B *Your Spanish friend introduces her boyfriend to you.*

— Delia, te presento a mi novio, Luis.
— Tanto gusto.
— El gusto es mío. ¿No te importará que te tutee?
— No, no, encantada.
— ¿Qué te parece España?
— Me encanta. Me gusta mucho el clima, la gente es muy simpática; y también me gustan las comidas.
— ¡Vaya! Me alegro. ¿Has visto ya muchas cosas?
— Pues sí, hemos visitado bastantes sitios, pero aún nos quedan muchos por ver.
— Ahora os voy a llevar a las dos a una discoteca, donde nos encontraremos con un amigo. Y el fin de semana que viene, podemos ir a Segovia en el coche.
— ¡Estupendo! Muchas gracias.

> You are introduced to an old friend of the family you are staying with (the examiner).

a Greet her. (She greets you and asks you where you live in England.)

b Tell her where you live. (She wants to know if you have a large family.)

c Say you have two sisters but no brothers. (She asks you if your parents work.)

d Tell her they both do: your father is a teacher and your mother is a doctor.

> You get up late one day to find a note from your friend saying she will be back in a minute. There is a knock at the door. A lady (the examiner) greets you and asks if her sister is in. She tells you she is your friend's aunt and she guesses who you are.

a Greet her and explain that you are on your own. You think your friend will be back shortly. (She says she'll wait. She asks you how old are you.)

b Say you are 16. (She asks you if you like Spain.)

c Say you do. Tell her you have been there for just a week but you have seen quite a few things already.

11. ¿Dónde nos encontramos?

The following phrases will be useful:

¿Cómo quedamos?	Where shall we meet?
Delante de/al lado de/ enfrente de la discoteca.	In front of/next to/opposite the discotheque.
¿Te gustaría venir?	Would you like to come?
No, lo siento, estoy ocupada.	No, I'm sorry, I'm busy.
No, lo siento, no me gusta el cine/la música.	No, I'm sorry, I don't like the cinema/music.
No, lo siento, tengo que hacer muchas cosas.	No, I'm sorry, I have lots of things to do.

A *You have met a Spanish boy and he invites you to a party.*

— ¿Denise? Soy Mario. ¿Quieres ir a una fiesta conmigo?
— Gracias, Mario, me gustaría mucho. ¿Cuándo es?
— Mañana por la noche.
— De acuerdo. ¿Dónde nos encontramos?
— Pasaré a recogerte a las ocho y media. ¿Te parece bien?
— Muy bien, de acuerdo. Pero tengo que estar de vuelta antes de las doce.
— Vale. Hasta mañana.
— Hasta mañana.

B *You have met a girl and you would like to invite her to go to the cinema with you.*

— Dígame.
— ¿Margarita? Soy Gary. Voy a ir al cine esta tarde. ¿Te apetece venir?
— ¿Qué ponen?
— Es una película del Oeste.
— De acuerdo. ¿A qué hora nos encontramos?
— ¿Te parece bien a las siete menos cuarto, delante del cine Roxy?

— Muy bien. ¿Puedo llevar a una amiga?

— ¡Por supuesto! Hasta luego, entonces.

C *Someone invites you to go out.*

— Dígame.

— ¿Está Alice?

— Sí, soy yo. ¿Quién es?

— Soy Antonio. ¿Qué vas a hacer esta tarde?

— Quería salir a hacer unas compras.

— Vale. Las tiendas cierran a las ocho. ¿Te apetece ir luego a tomar unas tapas?

— Sí, estupendo. ¿Cómo quedamos?

— ¿Nos encontramos en el Bar Soro a las ocho y media?

— De acuerdo. Hasta luego, entonces.

You have missed your train. You ring up your pen-friend to explain you will be arriving later than expected. His father answers the phone.

---

a   Say hello and say you are Elvira's pen-friend. Explain that you are still in Irún and that you have missed your train. (He asks you at what time you will be arriving now.)

b   Say 8.15 p.m. (He says they'll be waiting for you at the station.)

c   Thank him and describe what you are wearing. (He tells you not to worry.)

Someone (the examiner) invites you to the theatre.

---

a   Ask him what's on. (He says it is a modern play.)

b   Say you would like to go. Ask him where you should meet him. (He suggests you meet outside the theatre.)

c   Say that suits you and ask him if 7.00 p.m. will be all right. (He says it is fine.)

d   Thank him and say you will see him this evening.

12. Enfermedades y accidentes leves

The following phrases will be useful:

Estoy malo/a.	I'm unwell.
Me encuentro mal/No me encuentro bien.	I'm not feeling well.
Estoy enfermo/a.	I'm ill.
¿Puede llamar a un médico, por favor?	Can you call a doctor, please?
¿Podría Vd. pedir una ambulancia, por favor?	Could you call an ambulance, please?
¿Dónde está el hospital más cercano?	Where is the nearest hospital?
Tengo fiebre.	I am running a temperature.
Toso mucho.	I've got a bad cough.
Me duele la cabeza/la garganta/el estómago/el oído.	I've got a headache/sore throat/stomach-ache/ear-ache.
Creo que me he roto la pierna.	I think I've broken my leg.
Tengo la pierna rota.	I've got a broken leg.
Me he quemado (un dedo/la mano).	I have burnt myself (my finger/my hand).
¿Tiene algo para la indigestión?	Do you have something for indigestion?
¿Tiene algo para el estreñimiento/la diarrea/las quemaduras del sol?	Do you have something for constipation/diarrhoea/sunburn?
Tengo la gripe.	I've got the flu.
Quisiera aspirinas/algodón, por favor.	I'd like some aspirins/cotton wool, please.
Quisiera pastillas para la garganta/jarabe para la tos.	I'd like some throat pastilles/cough mixture.
Me he torcido el tobillo.	I have sprained my ankle.
Me encuentro mejor/peor.	I feel better/worse.

A *You have felt rather ill for two days and decide to go and see a doctor.*

— Buenos días, señorita. ¿Qué le pasa?

— Llevo dos días con dolor de vientre.

— Vamos a ver. Échese aquí, por favor. ¿Tiene algún otro síntoma?
— Estoy estreñida y no puedo dormirme por las noches.
— Vale. ¿Le duele cuando aprieto aquí?
— No, no . . . ¡ay! Ahí me duele.
— Muy bien. No es nada serio. Es un cólico.
— ¿Puede recetarme algo?
— Desde luego. Aquí tiene, señorita. Tome una pastilla cada cuatro horas.
— Muchas gracias, doctor. ¿Qué le debo?

B *You've got bad toothache. You telephone a dentist and ask for an appointment.*

— Dígame.
— Buenos días. ¿Podría darme hora para el dentista?
— ¿Cuándo quiere Vd. venir?
— Lo antes posible.
— ¿Mañana por la mañana le parece bien?
— ¿No podría darme hora para hoy? Tengo un dolor de muelas terrible: no puedo comer, no puedo dormir . . .
— ¿Podría Vd. estar aquí a las cuatro?
— Con mucho gusto, señorita. Muchísimas gracias. Adiós.

> You wake up one morning feeling terrible. You ache all over and your friend's mother asks the doctor (the examiner) to come and see you.

a   Say you don't feel well. You've got aches all over and you think you have a temperature. (He asks you to open your mouth; he asks if you have a sore throat.)

b   Say you do. (He says you've got the flu; he'll give you a prescription. He asks you to drink plenty of water and to stay in bed for two or three days.)

c   Tell him you will, and thank him.

C *You are sitting in your car with your family while your father is looking at a map. Suddenly another car reverses into you. The driver comes over.*

— ¿Están heridos?
— No, no es nada.
— Lo siento muchísimo. Vi su coche demasiado tarde.

— ¿Tiene Vd. su póliza de seguro?
— Sí, sí, aquí tiene. Y mi carné de conducir.
— ¿Me podría dar su nombre y dirección, por favor?
— Sí, ahora mismo le doy una tarjeta.
— De acuerdo. Yo también le daré mis detalles.

D *You fell down in the street yesterday. You thought it was nothing but your ankle has been getting more and more painful. You go to the Emergency Department in a hospital.*

— Buenas tardes, señorita. ¿Qué le pasa?
— Pues que me caí ayer en la calle y al principio no noté nada. Pero luego me empezó a doler el tobillo y ahora no puedo casi andar.
— Vamos a ver. ¿Puede Vd. mover el pie?
— Sí . . . ¡Ay! pero me duele.
— El tobillo no está roto, tiene Vd. suerte. Pero lo tiene dislocado. Se lo voy a vendar. Vuelva Vd. dentro de dos semanas; creo que para entonces ya estará bien.
— De acuerdo. Muchísimas gracias, doctor.

> You've just fallen down in the street and grazed your arm. You go to a chemist and speak to the assistant (the examiner).

a   Explain that you've just fallen down and hurt your arm. Ask her to give you some plasters. (She asks you to show her. She says she will put something on it.)

b   Thank her. When she finishes, tell her it now feels much better. (She says she is happy to hear that.)

c   Ask her for some aspirins and some cotton wool. (She says it is 155 pesetas.)

Irregular verbs

For the purposes of this list, the following verbs have been considered as irregular: **a** verbs with endings that do not follow their regular models, and **b** verbs with special irregularities. Only the most usual verbs that appear in the book have been included in the list, and only their irregular tenses are given. Stem-changing and orthography-changing verbs have not been included. When a verb can be used as either a reflexive or a non-reflexive one, reflexive pronouns are given in brackets.

Infinitive	Pres. Ind.	Imp. Ind.	Preterite	Future	Cond.	Pres. Subj.	Imp. Subj.
andar			*anduve*				*anduviera*
			anduviste				*anduvieras*
			anduvo				*anduviera*
			anduvimos				*anduviéramos*
			anduvisteis				*anduvierais*
			anduvieron				*anduvieran*
caer (se)	(me) *caigo*		(me) caí			(me) *caiga*	(me) *cayera*
Pres. Part.	(te) caes		(te) caiste			(te) *caigas*	(te) *cayeras*
cayendo (se)	(se) cae		(se) *cayó*			(se) *caiga*	(se) *cayera*
	(nos) caemos		(nos) caimos			(nos) *caigamos*	(nos) *cayéramos*
	(os) caéis		(os) caisteis			(os) *caigáis*	(os) *cayerais*
	(se) caen		(se) *cayeron*			(se) *caigan*	(se) *cayeran*
conducir	*conduzco*		*conduje*			*conduzca*	*condujera*
(traducir)	conduces		*condujiste*			*conduzcas*	*condujeras*
	conduce		*condujo*			*conduzca*	*condujera*
	conducimos		*condujimos*			*conduzcamos*	*condujéramos*
	conducís		*condujisteis*			*conduzcáis*	*condujerais*
	conducen		*condujeron*			*conduzcan*	*condujeran*
constituir	*constituyo*		constituí			*constituya*	*constituyera*
Pres. Part.	*constituyes*		constituiste			*constituyas*	*constituyeras*
constituyendo	*constituye*		*constituyó*			*constituya*	*constituyera*
Imperative	*constituimos*		constituimos			*constituyamos*	*constituyéramos*
constituye	*constituís*		constituisteis			*constituyáis*	*constituyerais*
constituid	*constituyen*		*constituyeron*			*constituyan*	*constituyeran*

Infinitive	Pres. Ind.	Imp. Ind.	Preterite	Future	Cond.	Pres. Subj.	Imp. Subj.
creer (leer)			creí				creyera
Pres. Part.			creiste				creyeras
creyendo			*creyó*				creyera
			creimos				creyéramos
			creisteis				creyerais
			creyeron				creyeran
dar	*doy*		*di*				diera
	das		*diste*				dieras
	da		*dio*				diera
	damos		*dimos*				diéramos
	dáis		*disteis*				dierais
	dan		*dieron*				dieran
decir	*digo*		*dije*	*diré*	*diría*	*diga*	*dijera*
Pres. Part.	*dices*		*dijiste*	*dirás*	*dirías*	*digas*	*dijeras*
diciendo	*dice*		*dijo*	*dirá*	*diría*	*diga*	*dijera*
Past Part.	decimos		*dijimos*	*diremos*	*diríamos*	*digamos*	*dijéramos*
dicho	decís		*dijisteis*	*diréis*	*diríais*	*digáis*	*dijerais*
Imperative	*dicen*		*dijeron*	*dirán*	*dirían*	*digan*	*dijeran*
di							
decid							
estar	*estoy*		*estuve*			*esté*	*estuviera*
Imperative	estás		*estuviste*			*estés*	*estuvieras*
está	está		*estuvo*			*esté*	*estuviera*
estad	estamos		*estuvimos*			estemos	*estuviéramos*
	estáis		*estuvisteis*			estéis	*estuvierais*
	están		*estuvieron*			estén	*estuvieran*
haber	*he*		*hube*	*habré*	*habría*	*haya*	*hubiera*
Imperative	*has*		*hubiste*	*habrás*	*habrías*	*hayas*	*hubieras*
he, habed	*ha*		*hubo*	*habrá*	*habría*	*haya*	*hubiera*
	hemos		*hubimos*	*habremos*	*habríamos*	*hayamos*	*hubiéramos*
	habéis		*hubisteis*	*habreis*	*habríais*	*hayáis*	*hubierais*
	han		*hubieron*	*habrán*	*habrían*	*hayan*	*hubieran*

Infinitive	Pres. Ind.	Imp. Ind.	Preterite	Future	Cond.	Pres. Subj.	Imp. Subj.
hacer	*hago*		*hice*	*haré*	*haría*	*haga*	*hiciera*
(deshacer)	haces		*hiciste*	*harás*	*harías*	*hagas*	*hicieras*
Past Part.	hace		*hizo*	*hará*	*haría*	*haga*	*hiciera*
hecho	hacemos		*hicimos*	*haremos*	*haríamos*	*hagamos*	*hiciéramos*
Imperative	hacéis		*hicisteis*	*haréis*	*haríais*	*hagáis*	*hicierais*
haz, haced	hacen		*hicieron*	*harán*	*harían*	*hagan*	*hicieran*
ir	*voy*	*iba*	*fui*			*vaya*	*fuera*
Pres. Part.	*vas*	*ibas*	*fuiste*			*vayas*	*fueras*
yendo	*va*	*iba*	*fue*			*vaya*	*fuera*
Imperative	*vamos*	*íbamos*	*fuimos*			*vayamos*	*fuéramos*
ve, id	*vais*	*íbais*	*fuisteis*			*vayáis*	*fuerais*
	van	*iban*	*fueron*			*vayan*	*fueran*
oír	*oigo*		oí			*oiga*	*oyera*
Pres. Part.	*oyes*		oiste			*oigas*	*oyeras*
oyendo	*oye*		*oyó*			*oiga*	*oyera*
Imperative	oimos		oimos			*oigamos*	*oyéramos*
oye, oid	oís		oisteis			*oigáis*	*oyerais*
	oyen		oyeron			*oigan*	*oyeran*
poder	*puedo*		*pude*	*podré*	*podría*	*pueda*	*pudiera*
Pres. Part.	*puedes*		*pudiste*	*podrás*	*podrías*	*puedas*	*pudieras*
pudiendo	*puede*		*pudo*	*podrá*	*podría*	*pueda*	*pudiera*
Imperative	podemos		*pudimos*	*podremos*	*podríamos*	podamos	*pudiéramos*
puede, poded	podéis		*pudisteis*	*podreis*	*podríais*	podáis	*pudierais*
	pueden		*pudieron*	*podrán*	*podrían*	*puedan*	*pudieran*
poner (se)	(me) *pongo*		(me) *puse*	(me) *pondré*	(me) *pondría*	(me) *ponga*	(me) *pusiera*
Past. Part.	(te) pones		(te) *pusiste*	(te) *pondrás*	(te) *pondrías*	(te) *pongas*	(te) *pusieras*
puesto	(se) pone		(se) *puso*	(se) *pondrá*	(se) *pondría*	(se) *ponga*	(se) *pusiera*
Imperative	(nos) ponemos		(nos) *pusimos*	(nos) *pondremos*	(nos)	(nos) *pongamos*	(nos)
pon, poned	(os) ponéis		(os) *pusisteis*	(os) *pondréis*	*pondríamos*	(os) *pongáis*	*pusiéramos*
	(se) ponen		(se) *pusieron*	(se) *pondrán*	(os) *pondríais*	(se) *pongan*	(os) *pusiérais*
					(se) *pondrían*		(se) *pusieran*

Infinitive	Pres. Ind.	Imp. Ind.	Preterite	Future	Cond.	Pres. Subj.	Imp. Subj.
querer	*quiero*		*quise*	*querré*	*querría*	*quiera*	*quisiera*
Imperative	*quieres*		*quisiste*	*querrás*	*querrías*	*quieras*	*quisieras*
quiere, quered	*quiere*		*quiso*	*querrá*	*querría*	*quiera*	*quisiera*
	queremos		*quisimos*	*querremos*	*querríamos*	queramos	*quisiéramos*
	queréis		*quisisteis*	*querréis*	*querríais*	queráis	*quisiérais*
	quieren		*quisieron*	*querrán*	*querrían*	*quieran*	*quisieran*
reír(se) (sonreír)	(me) *río*		(me) reí			(me) *ría*	(me) *riera*
Pres. Part.	(te) *ríes*		(te) reíste			(te) *rías*	(te) *rieras*
riendo(se)	(se) *ríe*		(se) *rió*			(se) *ría*	(se) *riera*
Imperative	(nos) reímos		(nos) reímos			(nos) *riamos*	(nos) *riéramos*
ríe(te)	(os) reís		(os) reísteis			(os) *riais*	(os) *rierais*
reíd (reíos)	(se) *ríen*		(se) *rieron*			(se) *rían*	(se) *rieran*
saber	*sé*		*supe*	*sabré*	*sabría*	*sepa*	*supiera*
	sabes		*supiste*	*sabrás*	*sabrías*	*sepas*	*supieras*
	sabe		*supo*	*sabrá*	*sabría*	*sepa*	*supiera*
	sabemos		*supimos*	*sabremos*	*sabríamos*	*sepamos*	*supiéramos*
	sabéis		*supisteis*	*sabréis*	*sabríais*	*sepáis*	*supierais*
	saben		*supieron*	*sabrán*	*sabrían*	*sepan*	*supieran*
salir (se)	(me) *salgo*			(me) *saldré*	(me) *saldría*	(me) *salga*	
Imperative	(te) sales			(te) *saldrás*	(te) *saldrías*	(te) *salgas*	
sal, salid	(se) sale			(se) *saldrá*	(se) *saldría*	(se) *salga*	
	(nos) salimos			(nos) *saldremos*	(nos) *saldríamos*	(nos) *salgamos*	
	(os) salís			(os) *saldréis*	(os) *saldríais*	(os) *salgáis*	
	(se) salen			(se) *saldrán*	(se) *saldrían*	(se) *salgan*	
ser	*soy*	*era*	*fui*			*sea*	*fuera*
	eres	*eras*	*fuiste*			*seas*	*fueras*
	es	*era*	*fue*			*sea*	*fuera*
	somos	*éramos*	*fuimos*			*seamos*	*fuéramos*
	sois	*erais*	*fuisteis*			*seáis*	*fuerais*
	son	*eran*	*fueron*			*sean*	*fueran*

Infinitive	Pres. Ind.	Imp. Ind.	Preterite	Future	Cond.	Pres. Subj.	Imp. Subj.
tener	*tengo*		*tuve*	*tendré*	*tendría*	*tenga*	*tuviera*
(entretenerse)	*tienes*		*tuviste*	*tendrás*	*tendrías*	*tengas*	*tuvieras*
(mantener)	*tiene*		*tuvo*	*tendrá*	*tendría*	*tenga*	*tuviera*
(obtener)	tenemos		*tuvimos*	*tendremos*	*tendríamos*	*tengamos*	*tuviéramos*
Imperative	tenéis		*tuvisteis*	*tendréis*	*tendríais*	*tengáis*	*tuvierais*
ten, tened	*tienen*		*tuvieron*	*tendrán*	*tendrían*	*tengan*	*tuvieran*
traer (distraer)	*traigo*		*traje*			*traiga*	*trajera*
Pres. Part.	traes		*trajiste*			*traigas*	*trajeras*
trayendo	trae		*trajo*			*traiga*	*trajera*
	traemos		*trajimos*			*traigamos*	*trajéramos*
	traéis		*trajisteis*			*traigáis*	*trajérais*
	traen		*trajeron*			*traigan*	*trajeran*
valer	*valgo*			*valdré*	*valdría*	*valga*	
Imperative	vales			*valdrás*	*valdrías*	*valgas*	
val, valed	vale			*valdrá*	*valdría*	*valga*	
	valemos			*valdremos*	*valdríamos*	*valgamos*	
	valéis			*valdréis*	*valdríais*	*valgáis*	
	valen			*valdrán*	*valdrían*	*valgan*	
venir	*vengo*		*vine*	*vendré*	*vendría*	*venga*	*viniera*
Pres. Part.	*vienes*		*viniste*	*vendrás*	*vendrías*	*vengas*	*vinieras*
viniendo	*viene*		*vino*	*vendrá*	*vendría*	*venga*	*viniera*
Imperative	venimos		*vinimos*	*vendremos*	*vendríamos*	*vengamos*	*viniéramos*
ven, venid	venís		*vinisteis*	*vendréis*	*vendríais*	*vengáis*	*vinierais*
	vienen		*vinieron*	*vendrán*	*vendrían*	*vengan*	*vinieran*
ver	*veo*	*veía*				*vea*	
Past. Part.	ves	*veías*				*veas*	
visto	ve	*veía*				*vea*	
	vemos	*veíamos*				*veamos*	
	véis	*veíais*				*veáis*	
	ven	*veían*				*vean*	

Spanish–English Vocabulary

All the words that appear in the book, except the most common ones, have been included. The meanings given are correct within the context in which they appear. Verbs marked * can be found in the list of Irregular Verbs on pp. 103–107 unless they are compounds, in which case they will follow the models provided, e.g.

deshacer : like **hacer**
distraer : like **traer**

Stem-changing verbs are indicated as follows:

cerrar/ie → pres.: **cierro**
pedir/i → pres.: **pido**; pret; **pidió**
probar/ue → pres.: **pruebo**
sentir/ie-i → pres.: **siento**; pret.: **sintió**
dormir/ue-u → pres.: **duermo**; pret.: **durmió**

Verbs like **aparecer** are indicated:

aparecer/zc → pres.: apare**zc**o

---

abajo, downstairs
el **abogado**, lawyer
el **abrigo**, coat
abrir, past part. **abierto**, to open
los **abuelos**, grandparents.
aburrido, boring, bored
acabar de, to have just done sth.
acampar, to camp
el **aceite**, oil
las **aceitunas**, olives
acertar/ie, to get right, to guess right
aclararse, to clear
el **acomodador**, usher
acomodarse, to fit (in)
acompañar, to accompany
acordarse/ue, to remember
acostarse/ue, to go to bed
el **actor**, actor
la **actriz**, actress
actuar, to act
la **acuarela**, water colour
un **acuerdo**, agreement; **de acuerdo**, all right; see **estar de acuerdo**; see **llegar a un acuerdo**
además (de), besides
adónde, where to
adorar, to adore
la **Aduana**, Customs
el **aduanero**, Customs official
el **adversario**, adversary, opponent
el **aeropuerto**, airport

afeitarse, to shave
aficionado, keen; see **ser aficionado**
las **afueras**, outskirts
agotado, exhausted
agradable, nice
aguantar, to stand
la **aguja**, needle
ahí, there; **por ahí**, around
ahogarse, to drown
ahora, now; see **ahora mismo**
ahorrar, to save
el **aire**, air; **al aire libre**, in the open air
el **ajedrez**, chess
el **ajo**, garlic
ajustado, tight
el **albergue**, hostel; **el albergue juvenil**, youth hostel
la **alcachofa**, artichoke
alegrarse, to be happy
alegre, happy
la **alegría**, happiness
la **alfombra**, carpet
el **algodón**, cotton
algún (o), some
la **Alimentación**, Home Economics
allí, there
los **almacenes**, stores; **los grandes almacenes**, department stores
el **almendro**, almond tree
el **alpinismo**, mountaineering
alquilar, to hire, to rent

alrededor (de), around
alto, tall, high
el **alumno**, pupil
amable, kind
el **ambiente**, atmosphere
la **ambulancia**, ambulance
la **amistad**, friendship
el **anciano**, old person
andar*, to walk
el **andén**, platform
el **anillo**, ring
el **animal doméstico**, pet
animar, to encourage
anoche, last night
anteayer, the day before yesterday
antes (de), before; **lo antes posible**, as soon as possible
antiguo, old
antipático, unpleasant
anual, yearly
el **anuncio**, advertisement
añadir, to add
el **aparador**, sideboard
el **aparato**, radio or T.V. set
aparcar, to park
aparecer/zc, to show up, to appear
aparte de, apart from, besides
apasionante, fascinating, exciting
apasionar, to fascinate, to have a passion for
el **apellido**, surname

apetecer/zc, to feel like
el **apodo**, nickname
apoyado, leaning; see **estar apoyado**
apoyarse, to lean
apreciar, to like
aprender, to learn
el **aprendiz**, apprentice
apretar, to press, to push
aprobar/ue, to pass an exam
aprovechar, to use, to make (good)
use of
apuros; see **estar en apuros**
el **árbitro**, referee, empire
el **árbol**, tree
la **arena**, sand
armar, to organize
el **armario**, cupboard, wardrobe
el **arpa** (f.), harp
el **arquitecto**, architect
arrancar, to start (cars . . .)
arreglado, nice; **arreglar**, to tidy up,
to mend, to fix; **arreglarse**, to get
ready, to do oneself up, (of a
situation) to resolve itself
arrepentirse/ie, i, to repent, to be
sorry
arriba, upstairs
arrodillado, kneeling; see **estar
arrodillado**
arrodillarse, to kneel down
los **artículos de regalo**, gifts
el **ascensor**, lift
asco; see **dar asco**
asegurar, to assure
el **aseo**, lavatory
el **asesinato**, murder
así (que), so; see **una cosa así**
el **asiento**, seat
la **asignatura**, subject
la **asistencia**, attendance
asomarse, to lean out
el **aspirador**, vacuum cleaner
aspirar, to vacuum
el **asunto**, matter

asustado, frightened; see **estar
asustado**
asustar, to frighten
asustarse, to get frightened
atar, to tie
atender/ie, to pay attention
atrás, behind
atreverse, to dare
atroz, atrocious
el **aula** (f.), classroom
aunque, although
los **auriculares**, headphones
el **autobús**, bus, coach
el **autor**, author
auto-stop; see **hacer auto-stop**
avergonzado, ashamed
el **avión**, plane
ayer, yesterday
ayudar, to help
la **azafata**, air hostess

bailar, to dance
el **baile**, dance
bajar, to go down
bajo, ground floor, low, short
el **balancín**, seesaw, swing
el **balón**, ball
el **baloncesto**, basketball
el **banco**, bench, bank
la **bandeja**, tray
bañarse, to have a bath, to bathe
el **baño**, bath
barato, cheap
el **barco**, ship, boat
barrer, to sweep
el **barrio**, quarters, neighbourhood
bastante, quite, enough
el **bastidor**, embroidery frame
la **basura**, rubbish; see **el cubo de
basura**
el **basurero**, dustbin
la **bata**, dressing gown
la **batería**, drums
beber, to drink
la **bebida**, drink

el **bedel**, caretaker
bélica, war(-like)
unos **bermudas**, bermuda shorts
la **biblioteca**, library
bien; see **llevarse bien**; see **pasarlo
bien**; see **portarse bien**; see
quedar bien
el **billar**, billiards
el **billete**, ticket
el **billetero**, wallet
blando, soft
el **bocadillo**, sandwich
la **boina**, beret
el **boleto**, coupon (pools)
el **bolígrafo**, biro
unos **bombachos**, pedal pusher trousers
bonito, nice looking
el **bordado**, embroidery
bordar, to embroider
el **borde**, edge
bordear, to go round
británico, British
buena, see **hacer buena impresión**;
see **hacer buenas migas**
la **bufanda**, scarf
la **buhardilla**, attic
buscar, to look for
la **butaca**, armchair, theatre or cinema
seat

el **caballo**, horse; see **montar a caballo**
la **cabecera**, headboard
la **cabina**, booth; **la cabina de teléfono**,
telephone box
cabo: al cabo de, after, at the end of
cada, each, every
la **cadena**, T.V. or radio channel
caer (se)*, to fall down
el **cajero**, cashier
los **calamares**, squid
los **calcetines**, socks
la **calefacción**, heating
el **calendario**, calendar
el **calentador**, water heater
calentar/ie, to heat

la **calidad**, quality
la **calle**, street
calmar: con calma, unhurriedly, without rush
calmarse, to calm down
el **calor**, heat; **hace calor**, it is hot
calzar, to take (a) size (shoes)
cambiar (se), to change, to exchange
el **cambio**, change; **en cambio**, on the other hand, instead
la **camilla**, stretcher
caminar, to walk
el **camino**, way
el **camión**, lorry
la **camiseta**, T-shirt
el **camisón**, nightdress
el **campamento**, camp
la **campana**, bell
el **campeón**, champion
el **campeonato**, championship
el **campo**, country, countryside, field
el **Canal de la Mancha**, the English Channel
la **canción**, song
cansado, tired, tiring
la **cantidad**, quantity
la **cantina**, snack bar, canteen
el **capítulo**, chapter
el **caramelo**, sweet
cargar, to load, to get
la **carne**, meat
el **carné**, permit, card
la **carnicería**, butcher's
caro, expensive, dear
la **carrera**, race, career
el **carrete**, film
la **carretera**, road
las **cartas**, letters
el **cartel**, sign, poster
la **cartera**, satchel, briefcase
el **cartón**, cardboard
casado, married
casarse, to marry, to get married
el **casco**, helmet
casi, nearly, almost

castigar, to punish
el **castigo**, punishment
casualidad: por casualidad, by chance
cautivar, to captivate
la **caza**, hunting
cazar, to hunt
celebrar, to celebrate
celebrarse, to take place
celoso, jealous
el **cemento**, cement
cenar, to have dinner
el **cenicero**, ashtray
la **ceniza**, ash
cepillar (se), to brush
la **cerámica**, ceramic
cerca, near
el **cerezo**, cherry tree
cerrar/ie, to close, to shut; **cerrar con llave**, to lock
el **certificado**, certificate
el **cesto**, basket
la **cerveza**, beer
el **chandal**, jogging suit
el **chantaje**, blackmail
charlar, to chat
chillón, gaudy, lurid
la **chimenea**, fire, chimney
el **chiste**, joke
chocar, to bump into
chocarle (a uno), to surprise, to find odd
el **chorizo**, pork sausage
el **cigarrillo**, cigarette
la **cinta**, ribbon; **la cinta magnetofónica**, tape
el **cinturón**, belt
circular, to circulate
la **ciudad**, town, city
claramente, clearly
claro, of course, clear
la **clase**, lesson, classroom; see **pelarse las clases**
clavar, to nail
el **clavo**, nail

el **cliente**, customer
el **clima**, climate
cobarde, coward
cobrar, to earn, to get
el **coche-cama**, sleeper
la **cocina**, kitchen, cooking
cocinar, to cook
la **cola**, pig-tail, queue; see **hacer cola**
el **cogepelos**, hair clip
coger, to catch, to take
la **colcha**, bedspread
coleccionar, to collect
colgar/ue, to hang
el **cólico**, colic
colmo: para colmo de males, to cap it all
el **comienzo**, beginning
la **comisaría**, police station
la **comodidad**, comfort
la **cómoda**, chest of drawers
cómodo, comfortable
el **compañero**, pal, colleague
la **compañía**, firm
el **compartimento**, compartment
compartir, to share
la **compra**, shopping; see **hacer la compra**; see **ir de compras**
comprender, to understand
comprensivo, understanding
comprobar/ue, to check
comunicar, to be engaged (of phone)
la **computadora**, computer
el **concierto**, concert
el **concurso**, competition, quiz
conducir*, to drive
la **conferencia**, telephone call; **conferencia a larga distancia**, long distance call
confiscar, to confiscate
el **congelador**, freezer
el **conjunto**, (pop) group
conmigo, with me
conocer/zc, to know
un **conocido**, acquaintance
conseguir/i, to get

la **consigna**, left luggage
consistir, to consist
constituir*, to consist, to be
la **construcción**, building
construir, to build
el **consulado**, consulate
contar/ue, to count, to tell
contestar, to answer
continuación: a continuación, next
continuar, to continue
contra, against
convertir/ie, i, to convert
el **cordel**, string
el **correo**, post; **Correos**, Post Office
correr, to run
la **corrida**, bullfight
corriente: see **seguir la corriente**
cortada, cul-de-sac
cortar, to cut
las **cortinas**, curtains
corto, short
la **cosa**, thing; **una cosa así**, something
    like that
coser, to sew
costar/ue, to cost
la **costura**, sewing
crecer/zc, to grow up
creer*, to think, to believe
el **criado**, servant
el **crimen**, crime
cruzar, to cross (over)
el **cuadro**, picture; **de cuadros**, check
    (pattern)
cualquier (a), any
cuanto, how much; **en cuánto**, as
    soon as
el **cuarto**, room
cuarto, fourth
cubierto, covered
el **cubo**, bucket; **el cubo de basura**,
    dustbin
la **cuenta**, bill; see **darse cuenta**
la **cuerda**, string, rope; **la cuerda de
    tender**, clothes line
cuidar, to look after

el **cumpleaños**, birthday
cumplir, to be ...... years old
la **cuñada**, sister-in-law
el **cuñado**, brother-in-law
cuidado: see **tener cuidado**
la **cuota**, subscription
el **cursillo**, course
el **curso**, academic year, course

daño: see **hacerse daño**
dar*, to give; **dar asco**, to sicken, to
    disgust; **dar igual**, not to mind,
    not to matter; **dar las gracias**, to
    thank; **dar lo mismo**, not to mind;
    dar miedo, to frighten; **dar parte**,
    to notify; **dar pena**, to make
    someone feel sorry; **dar una
    vuelta**, to go for a stroll; **dar a**, to
    overlook
los **dardos**, darts
darse: darse cuenta, to realize; **darse
    por vencido**, to give up
de ...... a, from ...... to; see **de
    nuevo**; see **de particular**; see **de
    repente**
debajo (de), under, underneath
deber, must, ought, to owe
los **deberes**, homework
decidir, to decide
decir*, to say, to tell; **no me dice
    nada**, it doesn't do anything for
    me; see **querer decir**
decorar, to decorate
dedicarse, to go in for, to devote
    oneself to
el **defensa**, back (sport)
dejar, to leave, to allow
dejar de, to stop, to give up
delante (de), in front (of)
el **delantero**, forward (sport)
el **delegado**, delegate, representative
delgado, thin
demasiado/s, too much, too many
demostrar, to demonstrate
el **dentista**, dentist

dentro (de), inside, in
depender, to depend
la **dependienta**, shop-assistant
el **dependiente**, shop-assistant
los **deportes**, sports
deprisa, quickly, fast
derecha: a la derecha, on the right,
    to the right; **(el) derecho**, (right),
    straight
desagradable, nasty
desagradar, to displease
desarrollarse, to take place
desayunar, to have breakfast
el **desayuno**, breakfast
descansar, to rest
el **descanso**, half time, interval
descontento, unhappy
describir, past part. **descrito**, to
    describe
la **descripción**, description
descubrir, past part. **descubierto**, to
    discover
desde, since, from
desear, to wish
el **desempleo**, unemployment
desencadenarse, to break out
el **desenlace**, ending
desgracia: por desgracia,
    unfortunately
desgraciadamente, unfortunately
deshacer*, to undo, to unpack
deslizarse, to slide
desnudarse, to take (clothes) off
desobedecer/zc, to disobey
despacio, slowly
el **despacho**, study, office
despedirse/i, to say goodbye
el **desperfecto**, damage
despertar (se), to wake up
después (de), afterwards, after
el **destino**, destination
el **desván**, loft
la **desviación**, detour
el **detalle**, detail
detestar, to detest

detrás (de), after, behind
devolver/ue, to give back
el día, day
la diadema, diadem
dibujar, to draw
el dibujo, drawing; los dibujos animados, cartoons
los dientes, teeth
difícil, difficult
¡dígame!, hello! (on telephone only)
el dinero, money
la dirección, address
directamente, straight away
directo, direct
el disco, record
discutir, to discuss, to argue
disfrutar, to enjoy
disgustado, upset; see estar disgustado
dislocado, sprained
distancia; see conferencia a larga distancia
distinto, different
las distracciones, amenities
distraer*, to distract
distraerse*. to amuse oneself, to relax
diversos, various
divertido, funny
divertir/ie, i, to entertain
divertirse/ie, i, to have a good time
divorciado, divorced
divorciarse, to divorce, to get a divorce
doblar, to turn
doble, double
una docena, a dozen
el documental, documentary
doler/ue, to hurt
el dolor, pain, ache
dormilón; see ser dormilón
dormir/ue, u, to sleep
dormirse/ue, u, to go to sleep
ducharse, to have a shower
los dulces, sweets

durante, during
durar, to last
duro, hard

echar, to pour; echar de menos, to miss; echar una mano, to lend a hand
echarse, to lie down
la edad, age
el edificio, building
el edredón, eiderdown
eficaz, efficient, useful
elegir/i, to choose
la embajada, embassy
embargo: see sin embargo
el embotellamiento, traffic jam
la emisora, radio station
empatar, to draw
empezar/ie, to begin, to start
emplear, to use, to employ
en: en seguida, at once, straight away
enamorado, in love
encantado, (it's) a pleasure, how do you do
encantador, lovely
encantar, to love
el encargado, (person) in charge
encargar, to order, to place an order
encargarse, to take responsibility, to be in charge
encima (de), on top of, on
encolar, to glue
encontrar/ue, to find
encontrarse/ue, to be, to feel, to meet
enfadarse, to become annoyed
el enfermero, male nurse
(el) enfermo, sick, ill, (patient)
enfrente (de), opposite
ensalada: la ensalada mixta, mixed salad
la enseñanza, teaching
enseñar, to teach, to show
entender/ie, to understand
enterarse, to find out, to hear

la entrada, ticket
entre, between, among; see si: entre sí
los entremeses, hors d'oeuvres
el entrenamiento, training
entrenarse, to train
entretenerse*, to pass the time, to entertain oneself
entretenido, entertaining
la entrevista, interview
entusiasmar, to excite, to fascinate
enviar, to send
envolver/ue, to wrap up
la época, time
el equipaje, luggage
el equipo, team, equipment
la equitación, horse riding
equivocarse, to make a mistake
la escalera, ladder, stairs; la escalera mecánica, escalator
el escaparate, shop window
la escena, scene
esconder, to hide
la escopeta, rifle
escribir, past part. escrito, to write; escribir a máquina, to type
escuchar, to listen
el escudo, shield, badge
el espacio, space
espantoso, horrible
una especie, kind, sort
el espectáculo, show
el espectador, spectator
esperar, to wait for, to hope, to expect
la esquina, corner; a la vuelta de la esquina, round the corner
la estación, station, season; la estación de servicio, petrol station
el estadio, stadium
estampada, print (pattern)
la estancia, stay
el estanco, tobacconist
el estanque, pond
estar*, to be; estar a gusto, to be

comfortable, to feel at home;
estar a punto de, to be about to do
sth.; **estar apoyado**, to be leaning;
estar arrodillado, to be kneeling;
estar asustado, to be frightened;
estar de acuerdo, to agree; **estar
de moda**, to be fashionable; **estar
de pie**, to be standing; **estar
disgustado**, to be upset; **estar en
apuros**, to be in trouble; **estar en
paro**, to be unemployed; **estar
flojo**, to be weak, bad
(schoolwork); **estar fuerte**, to be
good (schoolwork); **estar listo**, to
be ready; **estar mimado**, to be
spoilt; **estar resfriado**, to have a
cold; **estar sentado**, to be sitting
este/estos, this, these
el **estilo**, style
el **estorbo**, nuisance
estrecho, tight
estreñido, constipated
estudiar, to study
estupendo, great
el **esquí**, ski, skiing; **el esquí acuático**,
water ski
esquiar, to ski
la **etiqueta**, label
evitar, to avoid
examen: see **hacer un examen**
examinarse, to take an exam
la **excursión**, excursion, day trip
exigente, demanding
exigir, to demand
explicar, to explain
expulsar, to expel
extranjero, foreign; **el extranjero**,
abroad

la **fábrica**, factory
fácil, easy
las **facilidades**, facilities
la **falda**, skirt
la **falta**, absence

faltar, to be missing; see **hacer falta;
no falta mucho**, it won't be long
la **farmacia**, chemist's
fascinante, fascinating
fascinar, to fascinate
la **fecha**, date
feliz, happy
fenomenal, great
feo, ugly
los **fiambres**, cold meats
la **ficha**, form, card
la **fiesta**, party
la **figura**, figure, ornament
fijo, permanent
fin; en fin, briefly; **por fin**, finally, at
last; **fin de semana**, weekend
el **final**, end, ending; **al final**, at the end
el **flan**, crème-caramel
el **flequillo**, fringe
flojo, weak; see **estar flojo**
la **flor**, flower
fondo: al fondo, at the back
la **fontanería**, plumbing
formar, to make up, to form; **de
todas formas**, anyway
el **formulario**, form
la **foto**, photograph; see **la máquina de
fotos**
la **franela**, flannelette
frecuencia: ¿con qué frecuencia? how
often?
fregar/ie, to do the washing-up
(el) **frío**, cold; **hace frío**, it is cold
frito, fried
frutal, fruit (tree)
el **fuego**, fire
la **fuente**, fountain
fuera, outside
fuerte, strong; see **estar fuerte**
fumar, to smoke
la **función**, function, show
funcionar, to work
furioso, furious
el **futuro**, future

la **gabardina**, raincoat
las **gafas**, glasses
Gales (el País de), Wales
las **gambas**, prawns
ganar, to win, to beat, to earn
la **gasolina**, petrol
gastar (se), to spend
los **gastos**, spending
la **general**, terrace; **por lo general**,
generally
el **género**, type, genre
la **gente**, people
el **gimnasio**, gym
la **goma**, rubber
gorda: see **hacer la vista gorda**
gordo, fat, thick
grabar, to record
gracias: see **dar las gracias**
gracioso, funny
unos **gramos**, grammes
la **granja**, farm
el **granjero**, farmer
grandes: see **los grandes almacenes**
el **grifo**, tap
gritar, to shout, to scream
la **grúa**, breakdown truck
el **grupo**, group
los **guantes**, gloves
guapo, handsome
el **guardameta**, goal keeper
guardar, to keep, to put away
el **guardarropa**, cloakroom
el **guardia**, policeman
la **guerra**, war
guisar, to cook
gusto: see **estar a gusto; tanto gusto**,
pleased to meet you

haber*, to have; see **(hay) niebla**
la **habitación**, room
el **habitante**, inhabitant
hablador/a, chatty
hablar, to talk, to speak, to chat
hace, ago

hacer*, to do, to make; **hacer auto-stop**, to hitch-hike; **hacer buena impresión**, to give a good impression; **hacer buenas migas**, to get on well with sb.; **hacer cola**, to queue; **hacer falta**, to need; **hacer ilusión**, to be thrilled; **hacer la compra**, to do the shopping; **hacer la maleta**, to pack; **hacer la vista gorda**, to turn a blind eye; **hacer novillos**, to play truant; **hacer punto**, to knit; **hacer trampa**, to cheat; **hacer un examen**, to sit for an exam

hacerse*, to become; **hacerse daño**, to hurt oneself; **hacerse la permanente**, to have one's hair permed; **hacerse largo**, to become boring, to become tiring; **hacerse pesado**, to become boring, to become tiring

hacia, towards

hallarse, to be situated, to find oneself in . . . . . .

hambre: see **tener hambre**

hasta, until, up to

herido, hurt, injured

la **hermana**, sister

el **hermano**, brother

el **héroe**, hero

la **heroína**, heroine

las **herramientas**, tools

el **hielo**, ice

la **hierba**, grass

la **hija**, daughter

el **hijo**, son

el **hilo**, thread

el **Hogar**, Domestic Science/Studies

holgado, loose

el **hombre**, man

el **hombro**, shoulder

honesto, honest

honrado, honest

la **hora**, hour, time

el **horario**, timetable, shift

el **horno**, oven; **al horno**, baked in the oven

el **horóscopo**, horoscope

la **horquilla**, hair clip

hoy, today

la **huelga**, strike

el **huevo**, egg

el **humor**, temper, mood

ida y vuelta, return (ticket)

el **idioma**, language

ignorar, not to know, to ignore

igual: see **dar igual**

ilusión: see **hacer ilusión**

imaginar, to imagine

el **impermeable**, (plastic) raincoat

importar, to matter, to mind

incluido, included

incluso, even

incómodo, uncomfortable

el **inconveniente**, disadvantage

indispensable, essential

individual, single

inesperado, unexpected

infantiles, children, (children's programmes)

la **Informática**, Computer Studies

el **ingeniero**, engineer

inmediatamente, immediately, straight away

inicial, initial

insistir, to insist

intentar, to try

el **intercambio**, exchange

interesar, to be interested

el **intérprete**, interpreter

el **invernadero**, greenhouse

el **invierno**, winter

invitar, to invite, to treat

ir*, to go; **ir de compras**, to go shopping; **ir de paseo**, to go for a walk

irreal, unreal

irritar, to irritate, to annoy

la **isla**, isle, island

izquierda: a la izquierda, on the left, to the left

el **jabón**, soap

jadear, to gasp for breath, to be short of breath

el **jaleo**, racket

jamás, never, ever

el **jamón**, ham

la **jarra**, jug

el **jefe**, director, boss

el **jersey**, jumper, pullover

(el) **joven**, young, (youth)

las **joyas**, jewellery

el **jugador**, player

jugar/ue, to play (game)

junto a, next to

juntos, together

justo, fair, just

juvenil: see **el albergue juvenil**

lado, side; **al lado de**, next to; **por ningún lado**, nowhere

ladrar, to bark

el **ladrillo**, brick

el **ladrón**, thief

la **lámpara**, lamp

la **lana**, wool

lanzar, to throw

largo, long; **a lo largo**, along; see **hacerse largo**

la **lástima**, pity, shame

la **lata**, can, tin

la **lavadora**, washing machine

el **lavaplatos**, dishwasher

lavar (se), to wash (oneself); **lavar los platos**, to do the washing-up

la **leche**, milk

la **lechuga**, lettuce

el **lector**, reader

la **lectura**, reading

leer*, to read

lejos, far

lento, slow

el **letrero**, sign

levantar, to put up
levantarse, to get up
libre, free; see **lucha fibre**; see **al aire libre**
la **librería**, bookshop
el **libro**, book
la **Licenciatura**, degree
ligero, light
limpiar, to clean
la **limpieza**, cleaning
la **línea**, line
la **linterna**, torch
liso, plain, straight
lista: see **pasar lista**
listo, clever, ready; see **estar listo**
la **localidad**, ticket, seat
loco, mad, crazy
el **locutor**, announcer, speaker
el **lomo**, loin of pork
la **lucha libre**, wrestling
luego, then, afterwards, later
el **lugar**, place; see **tener lugar**
la **luna**, moon
lunares: de lunares, polka-dot (pattern)
la **luz**, light
llamar, to call; **llamar por teléfono**, to phone
llamativo, loud, flashy
la **llave**, key; see **cerrar con llave**
el **llavero**, key-ring
llegar, to arrive; **llegar a un acuerdo**, to come to an agreement
lleno, full, full up
llevar, to take, to bring, to carry, to wear; **llevarse bien/mal**, to get on well/not to get on
llorar, to cry
llover/ue, to rain

la **maceta**, flower pot
la **madera**, wood
la **madrina**, godmother
madrugada: de madrugada, early morning

madrugar, to get up early
maleta: see **hacer la maleta**
el **maletero**, boot (of car)
mal: see **llevarse mal**; see **menos mal**; see **pasarlo mal**; see **portarse mal**; see **quedar mal**
malo, sick, ill, naughty
Mancha: see **el Canal de la Mancha**
mandar, to send
la **manera**, way
manía: see **tener manía**
maniático, odd, cranky
la **mano**, hand; see **echar una mano**
la **manta**, blanket
mantener*, to keep
la **mantequilla**, butter
el **manzano**, apple tree
mañana, tomorrow; **la mañana**, morning
el **mapa**, map
la **maqueta**, model
la **máquina**, engine; **la máquina de fotos**, camera; see **escribir a máquina**
el **mar**, sea
maravilloso, beautiful, marvellous
la **marca**, make (of product)
el **marcador**, score board
marcar, to score
marcha: see **poner en marcha**
marcharse, to go away
marearse, to feel sick, to feel dizzy
el **marido**, husband
marino, navy (colour)
más, more
el **matrimonio**, married couple
la **mayonesa**, mayonnaise
mayor, older, bigger
la **mayoría**, most (of them)
la **Mecánica**, Mechanics
el **mecánico**, mechanic
la **mecanografía**, typing
la **mecedora**, rocking chair
mediante, by means of
el **médico**, doctor

medio, half; **en medio**, in the middle; **los medios**, means
mediocre, mediocre, rather poor
el **mediodía**, midday
mejor, better; **el/la mejor**, best; **a lo mejor**, maybe, perhaps
mejorar, to improve
menor, younger, smaller
menos, less; **menos mal**, thank goodness; **por lo menos**, at least; see **echar de menos**
mensual, monthly
mentiroso, liar
menudo, small; **a menudo**, often
el **mercado**, market
merecer/zc, merecer la pena, to be worth it
merendar/ie, to have an afternoon snack
la **merienda**, afternoon snack
la **mermelada**, jam, marmalade
el **mes**, month
mesa: see **poner la mesa**; see **quitar la mesa**
la **mesilla**, bedside table
meter (un gol), to score (a goal)
el **metro**, tube
miedo: see **dar miedo**; see **tener miedo**
mientras, while
migas: see **hacer buenas migas**
mimado, spoilt; see **estar mimado**
la **minoría**, minority
mismo, same; **ahora mismo**, right away, right now; see **dar lo mismo**
la **mitad**, half
la **moda**, fashion; see **estar de moda**; **la última moda**, highly fashionable
mojado hasta los huesos, soaking wet
mojarse, to get wet
molestar, to bother
la **moneda**, coin
el **monedero**, purse
el **mono**, overalls
el **moño**, (hair) bun,

montar, to set up; **montar a caballo**, to ride
moreno, dark haired
morirse/ue, to die
el **motivo**, reason
mover (se)/ue, to move
el **mozo**, porter; **mozo de tienda**, messenger boy
la **mudanza**, moving (house)
la **mujer**, woman, wife
el **mundo**, world; **todo el mundo**, everyone, everybody

nacer/zc, to be born
la **nacionalidad**, nationality
nada, nothing
nadar, to swim
nadie, no one, nobody
la **natación**, swimming
la **naturaleza**, Nature
necesitar, to need
negarse/ie, to refuse
el **negocio**, business
nervioso, nervous
nevar/ie, to snow
la **nevera**, fridge
ni . . . . . . ni, neither . . . . . . nor
la **niebla**, fog; **hay niebla**, it is foggy
la **nieve**, snow
la **niñera**, nanny
la **niñez**, childhood
el **nivel**, level
la **noche**, night; **esta noche**, tonight
el **nombre**, name
normalmente, usually, normally
el **norte**, north
notar, to notice
las **notas**, marks
las **noticias**, news
notificar, to notify
novela: see **rosa: las novelas rosas**
novillo: see **hacer novillos**
el **novio**, boyfriend
nublado, cloudy
nublarse, to cloud over

nuevo, new; **de nuevo**, again
el **número**, number
nunca, never

o sea, that is to say
obedecer/zc, to obey
Objetos Perdidos, Lost Property
obligar, to make, to force
obligatorio, compulsory
la **obra**, play
obtener*, to get, to obtain
ocuparse, to take care of
odiar, to hate
el **oeste**, west
la **oficina**, office
ofrecer/zc, to offer
oir*, to hear
el **ojo**, eye
el **óleo**, oil painting
olvidar (se), to forget
la **oportunidad**, opportunity, chance
optimista, optimistic
ordenar, to tidy, to demand, to ask
la **oreja**, ear
organizar, to organize
la **orilla**, edge
el **oro**, gold
oscuro, dark
el **otoño**, autumn

la **paciencia**, patience
pagar, to pay
la **página**, page
el **país**, country; see **Gales (el País de)**
la **palabra**, word
la **paleta**, bat (sport)
el **palo**, stick
la **pandilla**, gang, group
los **pantalones**, trousers
el **Papa**, Pope
el **papel**, paper
el **paquete**, parcel
el **par**, a pair, a couple
parte: see **dar parte**
la **parada**, stop

el **paraguas**, umbrella
parar, to stop
parecer/zc, to think to seem
parecido, similar
la **pared**, wall
los **parientes**, relatives
el **paro**, unemployment; see **estar en paro**
el **parque**, park
parte: por todas partes, everywhere
particular: de particular, special, plain clothes (policeman)
el **partido**, match
partir: a partir de, from
pasado, last (of time)
el **pasaporte**, passport
pasar, to spend, to pass, to happen; **pasar lista**, to call the register; **pasarlo bien/mal**, to have a good/bad time
la **Pascua**, Easter
pasear, to go for a walk, to walk
el **paseo**, walk, stroll; see **ir de paseo**
el **pasillo**, corridor
el **paso**, step; **a dos pasos**, two steps from here
el **pastel**, cake
la **pastilla**, tablet
las **patatas**, potatoes
patinar, to skate
el **patinaje**, skating
los **patines**, skates
el **patio**, yard, circle
la **pecera**, fish bowl
pedir/i, to ask for; **pedir perdón**, to apologise
pegar, to stick; **pegar tirones**, to pull
el **peinado**, hair style
peinar (se), to comb (one's) hair
pelarse (las clases), to play truant
pelearse, to fight, to argue
la **película**, film
pelo: see **tomar el pelo**
la **peluquería**, hairdresser's
pena: see **dar pena**

los **pendientes**, earrings
pensar/ie, to think
el **peón**, labourer
peor, worse; **el/la peor**, worst
perder/ie, to lose, to miss; **perder el tiempo**, to waste time
perderse/ie, to get lost, to miss
perdón: see **pedir perdón**
perfeccionar, to improve, to perfect
el **periquito**, budgerigar
la **perla**, pearl
permanente: see **hacerse la permanente**
permitir, to allow
la **persona**, person
pertenecer/zc, to belong
pesado, tiring; see **hacerse pesado**
la **pesca**, fishing
el **pescado**, fish
pesimista, pessimistic
el **peso**, weight
el **pez**, fish
pico, odd, a bit
el **pichi**, pinafore
pie: a pie, on foot; see **estar de pie**
la **piel**, leather
la **pieza**, part, spare
la **pila**, sink
el **pincel**, brush
pinchar, to have a puncture
el **pinchazo**, puncture
pintar, to paint
la **pintura**, painting, paint
la **pipa**, pipe
el **piragüismo**, canoeing
el **piso**, floor, flat
la **pista**, court, dance floor
el **pito**, whistle
la **plancha**, iron (for clothes)
planchar, to iron
plano, flat; **en primer plano**, in the foreground
la **planta**, floor, plant
plantar, to plant
la **plata**, silver

la **platea**, stalls
el **plato combinado**, the set dish
la **playa**, beach
plena, high
(un) **poco**, little
poder*, can, to be able; **no poder ver a . . .**, not to be able to stand sb/sth
el **policía**, policeman; **la policía**, police
policíaca, detective (story)
político, in-law
la **póliza**, policy
polo, polo-necked
el **pollo**, chicken
el **polvo**, dust; see **quitar el polvo**
poner*, to put, to place, to show (films); **poner en marcha**, to start car; **poner la mesa**, to lay the table
ponerse*, to put on, to become, to start
por: see **por lo menos**; see **por todas partes**
la **porcelana**, porcelain
el **porche**, porch
portarse bien/mal, to behave well/badly
la **portería**, goal
el **portero**, goal-keeper
posible: see **lo antes posible**
el **postre**, dessert, pudding
practicar, to practice
el **precio**, price
precioso, beautiful
predilecto, favourite
preferir/ie,i, to prefer
preguntar, to ask
preguntarse, to wonder
preocupado, worried
preparar, to prepare
presentar, to introduce
presumir, to show off
el **presupuesto**, estimate
la **primavera**, spring
primer: see **en primer plano**

primero, first; **lo primero**, the first thing, first of all
el **primo**, cousin
principal, main
el **principiante**, beginner
el **principio**, beginning; **al principio**, to start off with, at the beginning
prisa: see **tener prisa**
probar (se)/ue, to try (on)
el **problema**, problem
procurar, to provide
el **programador**, programer
prohibir, to forbid
pronto, soon, early
la **propina**, tip
propio, own
el/la **protagonista**, main character
próximo, next
la **prueba**, test
el **pueblo**, village
el **puesto (de trabajo)**, post, job
la **pulsera**, bracelet
el **punto**, knitting; see **estar a punto de**; see **hacer punto**
puntual, punctual, on time
el **pupitre**, desk

quedar, to be left, to meet; **quedar bien/mal**, to suit/not to suit
quedarse, to stay, to take
quejarse, to complain, to cry in pain
querer*, to want, to love; **querer decir**, to mean
el **queso**, cheese
la **quiniela**, pools, pools coupon
quinto, fifth
el **quiosco**, kiosk
quitar, to take away (from sb.); **quitar la mesa**, to clear the table; **quitar el polvo**, to dust
quitarse, to take off
quizá (s), perhaps, maybe

la **ración**, helping, portion
rápidamente, quickly

la **rapidez**, speed
la **raqueta**, raquet
raro, odd, funny, unusual
el **raso**, satin
un **rato**, while, time
la **raya**, parting
reaccionar, to react
realidad: en realidad, really, in actual fact
el **recadero**, messenger boy
el **recado**, message
recetar, to prescribe
el **recibidor**, hall
recibir, to receive, to get
el **recibo**, receipt
recoger, to pick up; **recoger la mesa**, to clear the table; see **quitar la mesa**
recogido, gathered
reconocer, to recognise
recordar/ue, to remember
recorrer, to tour
recortar, to trim
el **recreo**, (school) break
los **recuerdos**, memories
referirse/ie,i, to refer, to talk about
un **refresco**, soft drink
regalar, to give as a present
el **regalo**, present
regañar, to tell of
regar/ie, to water
la **región**, region
reírse*, to laugh
relacionado (con), connected (with)
relajarse, to relax
rellenar, to fill in
el **reloj**, watch, clock
remolcar, to tow
las **rentas**, income
reñir/i, to tell off
el **repartidor**, distributor, delivery man; **el repartidor de periódicos**, paper boy
repartir, to distribute, to deliver
repente: de repente, suddenly

repetir/i, to repeat
el **repuesto**, spare
reservar, to book, to reserve
resfriado: see **estar resfriado**
respetar, to respect
responder, to answer
resultar, to be, to turn out (to be)
retrasarse, to be late
reunirse, to meet, to get together
revisar, to check
el **revisor**, ticket inspector
revuelto, rough
rico, rich, nice
el **rincón**, corner
rizado, curly
robar, to steal, to rob
el **robo**, robbery
rodear, to surround, to border
romper, past part. **roto**, to break
la **ropa**, clothes
rosa, pink, **las novelas rosas**, romantic novels
rubio, blonde
la **rueda**, wheel, tyre
el **ruido**, noise

la **sábana**, sheet
saber*, to know
sacar, to take out
el **saco**, bag
la **sala**, room, ward
el **salario**, salary wages
la **salida**, exit
salir*, to go out, to leave; **salirse con la suya**, to have one's own way
las **sandalias**, sandals
el **salón**, hall, sitting room, drawing room; **el salón de actos**, (Assembly) Hall
saltar, to jump
la **salud**, health
saludar, to greet
el **salvamento**, life-saving
sano, healthy; **sano y salvo**, safe and sound

el **saque**, kick-off
sea: see **o sea**
la **secadora**, (clothes) drier
secar, to dry
la **sección**, section, department
el **secuestro**, kidnapping
la **seda**, silk
seguir/i, to follow, to continue, to go on; **seguir la corriente**, to humour
segundo, second
seguramente, probably
(el) **seguro**, certain, sure (insurance, benefit)
el **semáforo**, traffic light
la **semana**, week; see **fin de semana**
semanal, weekly
sencillo, simple, single
sentado, sitting; see **estar sentado**
sentarse/ie, to sit down
sentir (lo), to be sorry
sentirse/ie, to feel
señalar, to point
separado, separated, detached
separar, to separate, to detach
la **sepia**, cuttlefish
séptimo, seventh
serio, serious
ser*, to be; **ser aficionado a**, to be an enthusiast, to be keen on; **ser dormilón**, to love one's sleep
los **servicios**, toilets; see **la estación de servicio**
servir/i, to serve, to be (used) for
el **seto**, hedge
severo, strict
sexto, sixth
si, if; **entre sí**, from each other, between each other
siempre, always
la **siesta**, (afternoon) nap
el **siglo**, century
el **significado**, meaning
significar, to mean;
siguiente, next, following
el **silbato**, whistle

el **sillón**, armchair
simpático, nice
sin, without; **sin embargo**, however
un **single**, a 45 rpm record
el **síntoma**, symptom
el **sitio**, room, place; **por todos (los)
        sitios**, everywhere
sobre, on; **sobre todo**, above all
el **sobrino**, nephew
el **socio**, member
sol: see **tomar el sol**
soleado, sunny
soler/ue, to be in the habit of
solo, alone, by oneself
sólo, only
soltero, bachelor, single
solucionar, to settle, to sort out
la **sombra**, shade
el **sombrero**, hat
sonar/ue, to ring
sonreir*, to smile
soñar/ue, to dream
la **sopa**, soup
soportar, to put up with
sorprenderse, to be surprised
la **sortija**, ring (jewellery)
el **sótano**, cellar
subir, to go up
sublevar, to annoy
el **suburbio**, suburbs
los **sucesos**, accident and crime reports
el **sueldo**, salary, wages
el **suelo**, floor, ground
suelto, loose
el **sueño**, dream; see **tener sueño**
la **suerte**, luck; see **tener suerte**
suficiente, enough
superior: los estudios superiores,
        higher or advanced studies
supuesto: por supuesto, of course
el **sur**, south
surgir, to come up
suspender, to fail
suyo, his, hers, theirs

el **tacón**, heel
la **talla**, size
el **taller**, repair shop
el **tambor**, drum
tampoco, neither, either
tan, as
el **tanteo**, score
la **tapa**, snack
la **tapia**, wall
tardar, to take long
la **tarea**, job
la **tarjeta**, card
la **tarta**, cake
la **taza**, cup
el **teatro**, theatre
el **tebeo**, comic
la **tela**, canvas
el **teléfono**: see **llamar por teléfono**; see
        la cabina de teléfono
el **telegrama**, telegram
el **tema**, theme, subject
temer, to be afraid of
la **temporada**, season
temprano, early
el **tendedero**, clothes line
tender/ie, to hang; see **la cuerda de
        tender**
tenderse/ie, to lie down
tener*, to have; **tener cuidado**, to be
        careful; **tener hambre**, to be
        hungry; **tener lugar**, to take
        place; **tener manía**, to pick on (sb.
        or sth.); **tener miedo**, to be
        frightened; **tener prisa**, to be in a
        hurry; **tener que**, to have to; **tener
        sueño**, to be sleepy; **tener suerte**,
        to be lucky
tercero, third
el **terciopelo**, velvet
el **tergal**, terylene
terminar, to finish, to end
la **terraza**, terrace
el **terreno**, plot
el **terrón**, (sugar) lump
la **tía**, aunt

el **tiempo**, time, weather; **a tiempo**, on
        time; see **perder el tiempo**
la **tienda**, shop, tent
el **timbre**, bell
tinto, red
el **tío**, uncle
el **tipo**, sort, kind
tirar, to throw, to pull
tirón: de un tirón, in one go; see
        pegar tirones
el **título**, title
la **toalla**, towel
el **tobillo**, ankle
tocar, to play, to touch
todavía, still, yet
todo, everything; **sobre todo**, above
        all; see **todo el mundo**
tomar, to take, to have; **tomar el
        pelo**, to pull someone's leg; **tomar
        el sol**, to sunbathe
tonto, silly
torcer/ue, to twist
la **tormenta**, thunderstorm
el **toro**, bull
torpe, slow, dim
la **tortilla**, omelette
la **tortuga**, tortoise
la **tostada**, toast
el **trabajo**, job, work; see **puesto de
        trajabo; los Trabajos Manuales**,
        Handicrafts
la **traducción**, translation
traducir* (like **conducir**), to
        translate
traer*, to bring
trampa: see **hacer trampa**
transcurrir, to take place
tratar, to have to do with sth, to be
        about sth.
trasladar, to move
la **travesía**, crossing
travieso, naughty
la **trenza**, plait
trenzado, plaited
la **tribuna**, stand

el **trimestre**, term
triste, sad
el **trofeo**, trophy
tropezar/ie, to bump into, to trip
over
el **túnel**, tunnel
turno, turn
tutearse, to address someone as 'tú'

última: see **la última moda**
último, last; **por último**, finally
únicamente, only
único, only; **lo único**, the only thing
el **uniforme**, uniform
unir, to put together
unos, some, about
la **universidad**, university; **la
Universidad a Distancia**, Open
University
la **urbanización**, (urban) development
complex
el **uso**, use
útil, useful
utilizar, to use

las **vacaciones**, holidays
vacante, vacant
vago, lazy
el **vagón**, coach
valer*, to cost, to be worth
valiente, brave
la **valla**, fence
el **valor**, value
los **vaqueros**, jeans
varios, several
el **vecino**, neighbour
el **vehículo**, vehicle
la **vela**, candle
vencer, to beat, to defeat
vencido: see **darse por vencido**
vendar, to bandage
el **vendedor**, seller, salesman
venir*, to come
la **ventaja**, advantage
la **ventana**, window

la **ventanilla** window (of ticket office, car)
ver*, to see; see **(no) poder (ver a)**
el **verano**, summer
la **verbena**, street party
verdaderamente, truly, really
la **verja**, railings
vestirse/i, to dress oneself, to get
dressed
el **vestuario**, dressing room
vez: una vez, once; **otra vez**, again;
de vez en cuando, from time to
time, occasionally
la **vía**, track
viajar, to travel
el **viaje**, trip, journey
la **vida**, life
el **viento**, wind; **hace viento**, it is windy
el **vientre**, stomach
el **vino**, wine
visitar, to visit
vista: see **hacer la vista gorda**
la **vitrina**, display cabinet
viudo, widower
vivo, lively, bright
volver/ue, to return, to come back
la **voz**, voice
el **vuelo**, flight
la **vuelta**, return, change; **a la vuelta**,
on the way back; **de vuelta**, back;
see **dar una vuelta**; see **a la vuelta
de la esquina**; see **ida y vuelta**

ya, already

la **zapatería**, shoe shop
las **zapatillas**, plimsolls, slippers